Astrologische Symbolik
Ein Schlüssel zum Leben

Tina Peel

dortmund-verlag.de

Impressum
Copyright: ©Aug.2012 by Dortmund-Verlag.de | Franz Krämer, Hohe Str. 16, 44139 Dortmund
Autorin: Tina Peel
Layout, Gestaltung und Satz: Dortmund-Werbung.de | Franz Krämer
Druck: Dortmund-Verlag.de | Franz Krämer, Hohe Str. 16, 44139 Dortmund
www.dortmund-verlag.de

1. Auflage August 2012    dortmund-verlag.de

Bildnachweise: © Coverlayout: Patrick Imseng, Titel wurde gestaltet unter Verwendung des Bildes von M_Sergej Khackimullin - Fotolia.com, Bild auf Seite 3 Raffaele Zompicchiatti,
Autorenfoto Tina Peel, © Esther Guggisberg, L'Essenzia, Bern

Bestell-Nr. Edition Rainbow Specht 9_06

978-3-943262-05-6 Print-Book

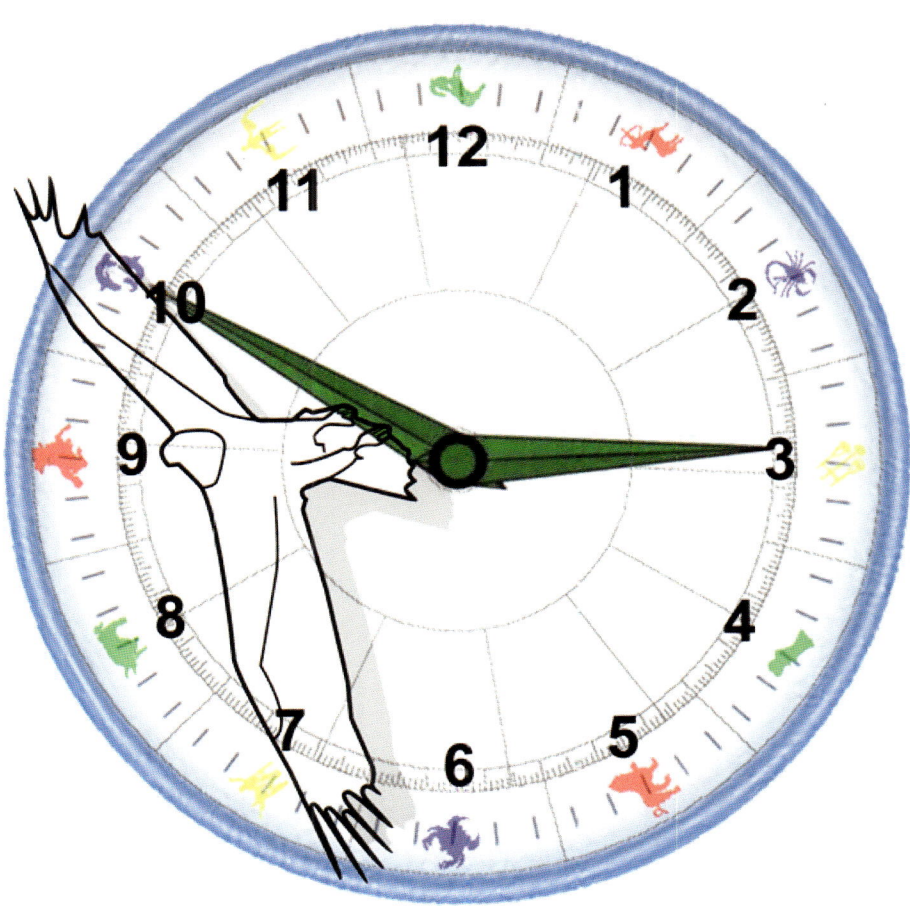

Inhaltsverzeichnis

Einleitung

Nein, ich glaube nicht an Astrologie. Sie etwa?

Wer sagt, er glaube an Astrologie, hat genau so wenig Ahnung davon wie jemand, der sagt, er glaube nicht daran. Beide wissen nicht, was Astrologie ist, denn wenn sie es wüssten, würden sie nicht von Glauben sprechen.

Seit Menschen beobachten und sich Gedanken machen gibt es die Astrologie, da sie mit unserem alltäglichen Leben verknüpft ist. Was am Himmel geschieht, hängt sichtbar zusammen mit dem, was auf der Erde geschieht. Die Sterne standen und stehen noch immer zur selben Jahreszeit auf eine bestimmte Weise am Himmel. Da war es nahe liegend, die unsichtbaren inneren Themen, die Menschen im Leben beschäftigen, als symbolische Bilder an den Himmel zu projizieren, weil nur das begreifbar ist, was unsere fünf irdischen Sinne erfassen können.

Astrologie hat jedoch nichts mit Beeinflussung zu tun, sie ist eine Analogie. Die Schwingung, die der Himmel zeigt, muss identisch sein mit der Schwingung auf der Erde, gemäß dem Gesetz von Hermes Trismegistos „wie oben so unten". Gleiche Schwingung zieht sich schließlich an, gegensätzliche stößt sich ab.

Ein Horoskop, die weiterentwickelte Form davon, ist ein Hilfsmittel, um Schwingung an einem bestimmten Ort zu einem bestimmten Zeitpunkt sichtbar zu machen. Es ist logisch, nämlich analogisch genau gesagt, dass ein Wesen, welches in einem bestimmten Moment an einem bestimmten Ort geboren wird, der Schwingung entspricht, die dort herrscht.

Ja, es muss dieser Schwingung entsprechen, sonst kann es dort nicht auftauchen. Die fremde Schwingung würde das unmöglich machen. Folglich können wir die Schwingung im Augenblick unserer Geburt am Himmel betrachten – dafür sorgt die Astronomie, dass wir das können –, und daran unsere eigene Schwingung ablesen, so wie wir sind oder besser gesagt: waren, denn seit unserer Geburt haben wir uns ja weiterentwickelt, die Schwingung verändert sich mit jeder neuen Erfahrung. Aufgrund des freien Willens weben und wirken wir an unserem Schicksal mit jeder Entscheidung, mit jeder Handlung im Alltag weiter, verändern es, mehr oder weniger bewusst, zu großen Teilen sogar vollkommen unbewusst, denn Bewusstsein ist ja das, was wir entwickeln wollen, weshalb wir geboren werden.

Was wir allerdings anhand eines Geburtshoroskops sehen können, ist, welche Lektionen wir uns für dieses Leben vorgenommen haben, auch wenn sie nicht sagen, wann und auf welche Weise wir sie lernen. Es sind zwölf Hauptthemen, die jedem von uns im Alltag im Laufe des Lebens immer wieder begegnen, an denen wir wachsen, die uns herausfordern und schulen. Jeder, der sich mit dem Leben befasst, kommt auf diese Themen, auch wenn er mit Astrologie nichts am Hut hat. Es sind die Archetypen, die Carl Gustav Jung entdeckt, beziehungsweise wieder entdeckt hat, denn sie waren immer da, seit es Menschen gibt.

Früher gehörten Astronomie und Astrologie zusammen: Das Beobachten von Abläufen am Firmament und das Bemühen, diese zu verstehen, in Bezug zu sich selbst zu setzen, um Einblick zu erhalten in die größeren Zusammenhänge des eigenen Lebens, gingen Hand in Hand. Heute funktioniert die Astronomie unabhängig von der Astrologie, welche jedoch auf ihre Daten zugreift. Astrologinnen und Astrologen müssen selbst keine Planetenbahnen mehr berechnen und können sich auf die Deutung konzentrieren.

Das habe ich intensiv über Jahre getan und tue es immer noch, und je länger ich es tue, umso tiefer dringe ich ins Leben vor. Auch, wenn ich mich scheinbar mit Astrologie beschäftige. Je tiefer ich in die Betrachtung des Lebens eindringe, desto mehr Zusammenhänge sehe ich, und diese versuche ich auf Papier festzuhalten, um sie zu ordnen und für mich und andere sichtbar zu machen. Es geht längst nicht mehr um astrologische Bedeutungen, Zuordnungen von Symbolen – es geht um das Woher und Wohin allen Lebens. Das ist der Grund, warum die Astrologie für mich heute philosophisch ist oder die Philosophie astrologisch. Wobei auch Theologie und Spiritualität darin verwickelt sind. Schlussendlich ist eben wirklich alles eins.

Es war mir ein Anliegen zu zeigen, wo sich im Alltag diese astrologischen Themen befinden und was sie von uns „verlangen". Das nimmt uns zwar die Lektionen nicht ab, doch es erleichtert es, wenn man weiß, worum es im Leben überhaupt geht. Und es zeigt, warum Astrologie keine Glaubenssache ist.
Symbolsprachen sind nicht aus der Luft, sondern aus dem Leben gegriffen. Es

war nur eine Frage der Zeit, bis jemand sie entdeckte. Auch wenn jeder seinen Weg geht, sein Leben auf seine Weise lebt, die Herausforderungen, die wir zu bestehen haben, sind für alle gleich.

Der Schlüssel zu den vier Elementen

Unser ganzes Dasein basiert auf den vier Hauptelementen:
Feuer, Erde, Luft und Wasser.

Jedem Element sind drei Sternzeichen zugeordnet, welche wiederum unterteilt sind in kardinale Zeichen, fixe und bewegliche.

Die kardinalen Zeichen lösen etwas aus, die fixen erhalten etwas und bringen es zur Entfaltung, die beweglichen verbinden. Zu jedem Element gehört je eines der drei, was jedes Sternzeichen auf ganz besondere Weise einzigartig macht, obwohl die drei Zeichen des gleichen Elements ein gemeinsames Thema haben. Das Wesen der Elemente zu verstehen, erleichtert den Zugang zu den zwölf Zeichen.

Feuer

Das Element Feuer steht für Energie, deshalb werden Feuerzeichen rot dargestellt. Energie, Schöpferkraft, Wille und Motivation sind eins. Alle Feuerzeichen wenden Energie auf, um etwas zu erschaffen, zu erhalten, zu erreichen, jedes ist auf seine Weise kreativ, es formt unsere Persönlichkeit.

Diese Schöpfungsenergie ist der göttliche Funke, der freie Wille, der die ganze Entwicklung oder auch nur ein Vorhaben in Bewegung bringt. Feuerzeichen verlangen immer Entscheidungen von uns. Jede Entscheidung setzt Energie frei, die es braucht, um in Bewegung zu kommen und zu bleiben.

Feuerzeichen müssen ständig etwas schaffen, erschaffen und erreichen, denn sie sind männlich und somit aktiv.

In den männlichen Zeichen sind wir aufgefordert, etwas zu geben, und zwar hier in den Feuerzeichen den Willen und die Bereitschaft, Entscheidungen zu treffen und immer wieder von neuem und von vorne zu beginnen, den Mut, Neuland zu erobern, nach Höherem zu streben, sich zu entfalten. Auf jedes Feuerzeichen folgt ein Zeichen vom Element:

Erde

Die Energie, die aufgewendet wird, nimmt in den Erdzeichen Form und Substanz an. An dem, was daraus im Leben entsteht, erkennt man, wie viel Energie aufgewendet, wie viel Wille eingebracht wurde, wie sehr man sich damit durchgesetzt hat.

Die Erdzeichen lenken Energie. Bei ihnen geht es immer um Materie, den Körper und somit ums Leben, denn Körper und Leben sind eins – also um alles, was mit den fünf Sinnen wahrgenommen werden kann.

Das Erdelement ist in ständiger Verwandlung, weil Neues nur aus Altem entstehen kann. Es ist ein ewiges Geborenwerden und Vergehen, wenn es um Materie geht. Damit es verwandelt werden kann, muss dieses Element weiblich sein, also passiv, empfangend. Materie muss verwandeln lassen können.

In den Erdzeichen erhalten wir Geschenke, den Lohn, den wir uns mit dem Energieeinsatz ver-/erdient haben. Zum Erdelement gehören die Umstände, in denen wir leben, und die wir akzeptieren müssen, da sie das Ergebnis vergangenen Einsatzes sind. Für sie müssen wir die Verantwortung übernehmen, so wie wir in den Erdzeichen immer auf irgendeine Weise Verantwortung übernehmen müssen. Erst dann können wir sie verbessern und korrigieren, die Energie anders einsetzen, mehr aufwenden wo nötig.

Da Materie polar ist, braucht es ein vermittelndes Element zwischen den Polen, die:

Luft

Damit Materie lebendig wird, braucht es den göttlichen Atem. Nachdem Gott Adam (hebräisch Adama = Erde) aus Lehm geformt hatte, hauchte er ihm Leben ein. Adam beginnt zu atmen und somit zu denken, denn das Luftelement ist der Geist. Atem, Geist und Denken sind dasselbe. Der Geist verbindet den Körper mit dem Leben, sonst bliebe er ein Stück totes Fleisch.

Bei den Luftelementen geht es um Schwingung. Gedanken und Worte, die wir aussenden, bringen die Luft zum Schwingen (z.B. Schallwellen). Wir bestimmen damit, in welcher Schwingung, oder anders gesagt: Realität, wir leben, weil ähnliche Schwingungen einander anziehen, andersartige Schwingungen stoßen sich dagegen ab.

Luftzeichen sind männlich, aktiv, wir müssen etwas geben. Sich öffnen, auf andere zugehen und sich einlassen ist ein aktiver Vorgang. Wir bringen uns ins Leben ein, indem wir uns der Welt, Menschen und Themen öffnen, indem wir uns dafür interessieren, sie fragen und uns mitteilen, mit anderen unsere Gedanken teilen, denn: Wie wir denken, so sind wir. Wie wir eigentlich sind, erfahren wir erst durch den Austausch mit anderen.

Luftzeichen haben immer einen verbindenden Charakter. Auf der Luftebene sind wir miteinander verbunden, dem Geist stehen alle Türen offen. Er muss nur fragen, sich auf ein Thema einlassen, und schon ist er drin – mit Lichtgeschwindigkeit.

Aber erst das

Wasser

erweckt die Schöpfung endgültig zum Leben.

Wasser ist für die Materie ebenso lebenswichtig wie der Atem. Es steht für Gefühle, und die Gefühlsebene ist die Ebene der Seele. Wasser, Gefühle und Seele sind eins. Die Seele nistet sich symbolisch im Körper ein, und je länger ein Mensch lebt, desto mehr nimmt sein Körper die Form der Seele an. Sie beult ihn regelrecht aus. Flüsse, Meere und Seen verändern und gestalten das Gesicht der Erde, Gefühle und Emotionen prägen das unsrige. Die Seele bewohnt den Körper solange er lebt, bzw. solange die Seele den Körper benützt, solange lebt und fühlt er.

Wasser ist weiblich, passiv, empfangend. Es nimmt alles an und auf. Unsere Seele ist beeinfluss- und beeindruckbar. Dagegen dürfen wir uns nicht wehren, weil uns die Wellen sonst überrollen. Wir müssen lernen, uns ihnen hinzugeben und mit zu fließen, dann werden wir von den Wellen getragen und durch die Gefühle emotional ernährt, gestillt, was uns mit Geborgenheit erfüllt. Gefühle lösen Gefühle aus, das Wasser im einen bewegt das Wasser im anderen, deshalb sind wir in den Wasserzeichen auf andere angewiesen. Sie berühren unser „Wasser", unsere Gefühle und Emotionen, sie lösen sie aus, damit sie in Bewegung kommen und wir sie wahrnehmen können. Auch Liebe ist ein Gefühl, das ebenfalls geweckt werden muss.

Auf jedes Wasserzeichen folgt wieder ein Feuerzeichen. Auf der inneren Ebene, der Seelenebene, tanken wir immer wieder neue Kraft, zum Beispiel im Schlaf, im Tod, in der Meditation usw. – Energie, die anschließend in den Feuerzeichen aktiv durch unseren Willen in die Welt getragen werden will.

Die Sternzeichen

Die zwölf Sternzeichen begegnen uns ebenfalls in den zwölf Aposteln, in den Archetypen und in unserem Alltag. Zwölf Entwicklungsstufen können wir erklimmen, an denen unser Bewusstsein wachsen kann, zwölf verschiedene Anteile gibt es von uns zu erkennen. Sie liegen an unserem Lebensweg in Form von Herausforderungen und Aufgaben, mit denen wir uns im Laufe des Lebens auseinandersetzen müssen.

Das eine oder andere Thema fällt uns leichter, die Herausforderung und der Bewusstseinsgewinn sind gering, mit anderen Themen oder Anteilen tun wir uns schwer und sie fördern uns am meisten. Das Zeichen, in welchem die Sonne bei unserer Geburt steht, das Thema, welches sie beleuchtet, das entwickeln wir ein Leben lang, weil die Sonne unser Zentralgestirn ist.

Der Tierkreis macht aus den Lebensaufgaben und Lernschritten allgemein verständliche Symbole, damit sie jeder, egal in welcher Zeit er lebt und welche Sprache er spricht, erkennen kann. Er bietet Hilfe und Anleitung demjenigen, der nach Zusammenhängen und Hintergründen sucht, der dem Leben und sich selbst auf die Spur kommen will.

Wir werden in der Materie in die Raum-/Zeitqualität hineingeboren, die unserer Schwingung entspricht – in genau die energetische Situation, die den besten Nährboden für unsere Entwicklung bietet. Diese Raum-/Zeitqualität lässt sich am Himmel ablesen, da nichts zufällig geschieht – alles ist mit allem verbunden, der Makrokosmos spiegelt den Mikrokosmos und umgekehrt.

Das Geburtshoroskop oder „Radix" ist das sichtbare Abbild unserer Schwingung zum Zeitpunkt der Geburt und eine Art Beipackzettel für unser Leben. Auch wenn wir die Komposition des „Zettels" vielleicht nicht ganz lesen können, bieten doch allein schon die zwölf Sternzeichen einen tieferen Einblick.

Jeder Mensch ist für sein Schicksal verantwortlich und hat seinen Beipackzettel selbst geschrieben – er weiß es oft nur noch nicht. Und da er es nicht weiß, ist er unbelastet. Der freie Wille, mit welchem die Bewusstseinsentwicklung beginnt, ist nur dann gewährleistet, wenn wir vollkommen unbelastet sind, und das sind wir nur, wenn wir nicht wissen, was kommt oder was war.

Je bewusster wir werden, desto mehr tritt der freie Wille in den Hintergrund. Haben wir mal eine gewisse Höhe beim Klettern auf der Bewusstseinsleiter erreicht, können wir nicht mehr zurück. Aber auch das ist freier Wille. Bis dahin folgen wir unserem selbst geschaffenen Schicksal instinktiv. Genau so instinktiv, wie es uns in die Materie zieht, weil die Erde ein Transformationsort ist. Hier wird unsichtbare Schwingung sichtbar und dadurch leichter zu erkennen. Wir unterwerfen uns freiwillig den irdischen Gesetzen von Raum und Zeit, um verwandelt zu werden, denn Verwandlung bedeutet immer ein Bewusstwerden des Unsichtbaren und Unbewussten, ein Erkennen von dem, was ist und schon immer war.

Gucken wir in die Sterne und lesen unser Horoskop, hilft uns das zu erkennen, was hinter den äußeren Dingen, hinter der Fassade steckt. Was spielt sich tatsächlich in unserem Leben ab, was befindet sich hinter dem Schein? Das Dahinterschauen verhindert die Erfahrungen nicht, sondern macht sie verständlicher. Wir betrachten das Leben als Hologramm statt wie ein zweidimensionales Bild, das macht es bedeutend einfacher, verständlich, lebens- und liebenswert.

 ## Der Widder

Der freie Wille

Der Widder ist das erste Zeichen des Tierkreises, er steht am Anfang und somit im Leben für jeden Neubeginn.

„Am Anfang war das Wort", steht in der Bibel, und dieses Wort heißt: „Ja"! Mit einem einzigen Wort beginnt die ganze Bewusstseinsentwicklung. Es hat die Kraft, den Kreislauf von Geburt, Leben, Tod und Wiedergeburt in Bewegung zu setzen, denn es steht für den freien Willen, mit dem jede Handlung und das Leben überhaupt beginnt.

Der erste Schritt ist immer eine Entscheidung, und zwar für das, was wir wollen. Wir entscheiden uns sowieso immer, auch wenn wir uns nicht entscheiden, der freie Wille steht schließlich an erster Stelle. Auch ein Nichthandeln ist demnach eine freie Entscheidung. Wer lebt, hat sich dazu entschieden, sonst wäre er nicht da – ohne dieses Ja zum Leben ist Leben unmöglich.

Natürlich braucht es Mut, um ja zu sagen, weil man im Voraus nicht weiß, was einen erwartet. Aber der freie Wille ist nur dann gewährleistet und das Leben nur dann eine Herausforderung, wenn wir es nicht wissen. So können wir relativ unbelastet unsere Entscheidungen treffen.

Trotzdem sind wir kein unbeschriebenes Blatt, wenn wir geboren werden. Das Leben müssen wir zwar immer wieder von Grund auf neu erlernen, aber unsere Entscheidungen hängen sehr von den Erfahrungen ab, die wir mitbringen, sie beeinflussen uns unbewusst.

Der Widder ist die Zeugungskraft, der Wille liefert die nötige Energie für alle Projekte und Pläne. Jedoch, zu wissen, was man will, reicht noch nicht, man muss seinen Willen durchsetzen, manchmal gegen den Willen anderer. Aber gerade durch diesen Widerstand, baut sich Energie auf, würde man ihn einfach machen lassen, wäre das nicht in seinem Sinn. Der Widder in uns ergreift die Initiative, er ist der Pionier, der vorangeht und am liebsten als Erster zur Stelle ist. Er ist in ständigem Wettstreit mit anderen um diesen ersten Platz. Mitstreiter spornen ihn an.

In der Durchsetzungskraft der Samen zeigt sich die Widder-Thematik, der erste gewinnt, der Same, der sich im Kampf ums Ei gegen die anderen durchsetzen kann.

Ebenfalls sichtbar ist die Widderenergie an der Kraft der Pflanzen, die im Frühling durch die Erde brechen, durch Asphalt und Stein Die Natur zeigt darin ihren ungestümen Lebenswillen, der die Unzerstörbarkeit des Lebens garantiert. Die Natur würde niemals „nein!" zu einem Hindernis sagen, sie passt sich allen Umständen an. Ist ein Weg verbaut, findet sie einen neuen.

Unser Wille hat die gleiche Kraft! Je klarer der Wille, umso mehr Kraft wird aktiviert und mobilisiert. Wenn wir nicht wissen, was wir wollen, haben wir auch keine Energie.

Nur wo ein Wille ist, ist auch ein Weg, wo mein Wille ist, ist mein Weg. Wer weiß, was er will, ist handlungsfähig. Deshalb ist es nicht schlecht, sich immer wieder zu überlegen, was man eigentlich will, wo und wie man es will. Besteht darüber Klarheit, fehlt es nachfolgend auch nicht an der Tatkraft, sie stellt sich ganz von selber ein.

Entscheidungen reißen uns aus Bewegungslosigkeit und Lethargie. Es ist unmöglich, sitzen zu bleiben, wenn man sich entschieden hat. Es gibt dabei weder richtige noch falsche Entscheidungen – also keine Angst vor Fehlentscheiden, nur kein Entscheid ist ein falscher Entscheid.

Unterschiedliche Entscheidungen lenken uns in unterschiedliche Richtungen, sie haben unterschiedliche Konsequenzen und bieten andere Erfahrungen. Wir müssen uns lediglich für einen Weg entscheiden. Ob es der richtige ist, finden wir heraus, wenn wir ihn unter die Füße nehmen. Wer nicht weiß, was er will, findet es auch über das heraus, was er nicht will. Um jeden Preis in Bewegung zu bleiben, ist sowieso leichter, als in Bewegung zu kommen. Sind wir in Fahrt, lässt sich die Energie mühelos lenken.

Sehr oft verstecken wir den Willen, um nicht als Egoisten zu gelten, oder weil wir uns vor Ablehnung oder möglichen Aggressionen fürchten. Auch das ist unser Wille – nur agieren wir dann unbewusst um sieben Ecken, um dorthin zu kommen, wo wir hinwollen.

Egoisten sind in Wahrheit Leute, die ihr Ego missachten und unterdrücken. Dieses Ego drängt sich überall dazwischen, um endlich Beachtung zu finden. Egoisten würden unter Eid schwören, keine zu sein, sie haben von sich das Bild, bescheiden zu sein und sich dem Willen anderer unterzuordnen. Dabei können sie gar nicht willenlos sein, weil ein Mensch ohne Willen nicht lebensfähig wäre.

Wir können nicht gegen unseren Willen zu etwas gezwungen werden. Wer sich zwingen lässt, sagt indirekt ebenfalls ja. Würde er nein sagen, und entsprechend diesem Nein handeln, könnte man ihn nicht zwingen. Er hat folglich aus irgendeinem Grund etwas davon, gezwungen zu werden. Vielleicht glaubt er, dadurch in den Augen anderer unschuldig zu sein und keine Verantwortung für sein Handeln zu tragen.

Wird das, was wir wollen, von anderen ignoriert oder missachtet, wird der Wille nicht klar genug gezeigt. Dann werden wir so lange übergangen, bis wir wirklich wissen, was wir wollen und es durchsetzen. Wer zu seinem Willen steht und sich durchsetzt, muss gar nie darum kämpfen: Kampf ist eine Folge von Unsicherheit.

Wer unter dem Sonnenzeichen Widder geboren wurde, muss lernen, entsprechend seinem Willen zu handeln, Energie aufzubauen und richtig einzusetzen. Er ist aufgefordert, sich durchzusetzen, aktiv zu werden und in Bewegung zu bleiben. Er muss immer wieder bereit sein, von vorn anzufangen und wo nötig mit dem Kopf durch die Wand zu gehen, wenn es darum geht, statt den Weg des geringsten Widerstands, den des eigenen Willens zu gehen. Außerdem braucht der Widder Widerstand, um sich daran zu reiben und energetisch aufladen zu können. Dem Widder werden der Kopf zugeordnet und unsere Handlungswerkzeuge, die Hände.

Das astrologische Jahr beginnt mit der Frühlingssonnenwende, wenn die Sonne in den Widder tritt. Kein Übergang von einer Jahreszeit zur nächsten ist energetisch so gravierend wie der Frühlingsbeginn und die Zeit des Widders (21.3. – 20.4.). Beide, Widder und Frühling, holen uns aus dem Winterschlaf. Wenn wir uns nicht bewegen – wie während des Winterschlafes – verlieren wir mehr und mehr von unserer (Muskel-) Kraft, denn Energie baut sich durch Energieeinsatz auf!

Aus einem Energietief heraus holt uns zuweilen die Wut. Sie aktiviert unsere Kraftreserven (Adrenalin). Ganz gleich, was wir tun: Jegliche Aktivität holt uns aus der Schwäche heraus. Muskeln müssen benutzt werden, damit ihre Kraft erhalten bleibt.

Im Widder muss gesät (Samen) werden, was wir später im Jahr (Leben) ernten wollen. Was im Frühling nicht gesät wird, kann später nicht geerntet werden – was nicht gezeugt wird, bleibt ungeboren. Dass es jedoch wächst, dafür ist der Stier zuständig. Dort können wir zusehen, wie unser Wille Substanz und Form annimmt.

 **Der Stier**

Die Materie

Der Wille nimmt nach der Zeugung in der Materie Substanz und Form an, das Haus für die Seele wächst im Mutterleib heran. Materie entsteht aus Materie, aus den Zellen der Eltern, bilden sich die Zellen des Kindes. Unser eigentliches unsichtbares Wesen ist umhüllt vom materiellen Körper, welcher der Seele ein Leben auf der Erde ermöglicht und sie darauf festhält.

Wie viel Energie auf etwas aufgewendet wurde, zeigt sich immer an dem, was daraus wächst. Das Ergebnis müssen wir annehmen wie es ist – der Stier ist weiblich, passiv, empfangend –, es lässt sich nur durch erneuten Energieeinsatz mit der Zeit verändern. Jede Zelle im Körper wird innerhalb von sieben Jahren vollständig erneuert. Folglich ist es sogar möglich, mit entsprechendem Aufwand den Körper und seine Form zu verändern. Wie wertvoll das Entstandene für uns tatsächlich ist, bestimmt unsere Wert- oder Geringschätzung. Je mehr Energie wir aufwenden, umso größer ist in der Regel auch die Wertschätzung. Es darf für uns einfach nicht zu billig sein.

Materie ist vergänglich, sie kann verletzt, zerstört, vergewaltigt, missachtet, übergangen werden. Sie braucht Schutz und Pflege so lange wir leben. Aber jeder Körper ist mit einem Überlebenstrieb ausgestattet, der mit allen Mitteln am Leben festhält. Wir würden sonst viel schneller aus lauter Unachtsamkeit unser Leben verlieren als es der Fall ist.

Aus diesem Grund ist der Stier ein fixes Zeichen – es geht um Schutz und Erhalt von Materie. Der Körper hält am Leben fest, seine lebensnotwendigen materiellen Bedürfnisse drängen uns, sie jeden Tag von neuem zu befriedigen. Dieses Festhalten macht uns oft Mühe, vor allem, wenn es ans Sterben oder an eine andere Art von Loslassen geht (gegenüber im Skorpion). Der Körper hat eine eigene Form von Bewusstsein, das alles tut, was im Interesse des Überlebens steht.

Jeder Körper braucht ausreichend Raum zum Leben, wo er beschützt ist und sich sicher fühlt, und in welchem genug Nahrung zu finden ist. Um den äußeren Lebensraum können wir zum Schutz vor Übergriffen, zur Sicherung und

Abgrenzung Zäune bauen, aber fürs Unsichtbare existieren keine solchen sichtbaren Begrenzungen. Geht es uns innerlich ans Lebendige, spüren wir es oft viel zu spät, seelischer Schmerz macht dann darauf aufmerksam. Aber auch äußere Verletzungen helfen uns, uns körperlich wahrzunehmen und physische Grenzen zu spüren, die Bedingung dafür, uns schützen und verteidigen zu können.

Dadurch, dass es zeitlich begrenzt ist, wird das Leben wertvoll. Auch wir werden wertvoll, wenn wir „begrenzt", eingegrenzt sind, das heißt, wenn wir uns und unser Revier verteidigen und damit zeigen, wo unsere Grenzen sind. Das sorgt für Respekt. Wie sonst soll man uns wahrnehmen, wenn wir nicht zeigen, wo wir anfangen, und wo enden?

Niemand will uns verletzen und auch wir wollen niemanden verletzen. Jeder ist froh, wenn der andere seinen Willen zeigt und wo seine Grenzen sind. Dann wissen alle, woran sie sind und können sich danach richten. Wer seine Grenzen kennt, kann viel mehr Nähe zulassen, er muss nicht schon fünf Kilometer vorher abwehren. Wer sich zu schützen weiß, fürchtet sich weniger vor Verletzungen. Das ist das Ziel jeder Kampfsportart. Wir lernen dabei, uns, wenn nötig, zu verteidigen und haben als Folge davon weniger Berührungsängste.

Wenn der Widder im Menschen loslegt, oder genauer gesagt: der Wille, dann gibt es für ihn kein Halten mehr. Er stampft in seinem Enthusiasmus in Nachbars Garten und zertrampelt unabsichtlich sein Gemüse. So viel überschäumende Energie kann nur nutzbar sein, wenn man sie kanalisiert. Deshalb folgt auf jedes Feuer- ein Erdzeichen, und dafür sorgt der Stier mit seiner Abgrenzung. Er ist das Bachbett, durch das die Energie in die gewünschten Bahnen gelenkt wird.

Selbstwertgefühl ist die Folge von Abgrenzung und Befriedigung materieller Bedürfnisse. Setzt man sich für „seine Haut" ein, fühlt man sich wohl in seiner Haut. Und so viel Wert sollte einem der eigene Körper und sein Leben schon sein. Die Haut ist übrigens das Organ, welches dem Stier zugeordnet wird, nebst dem Nacken.

Um Materie zu begreifen, haben wir fünf Sinne: sehen, hören, tasten, schmecken, riechen. Durch sie berühren wir die Welt – und werden von ihr berührt. Sinnlichkeit kommt von diesen Sinnen – sinnlich ist, wer seine Sinne benützt. Die

Welt verlockt uns regelrecht dazu, sie zu beschnüffeln und zu berühren. Sie will, dass wir sie in Besitz nehmen und uns ganz damit identifizieren, denn, was wir zu diesem Zeitpunkt noch nicht wissen, ist: Unser Entwicklungsweg führt durch die Materie hindurch. Das Leben ist schön! Das finden wir heraus, wenn wir uns ihm ergeben und uns davon berühren lassen.

Es gibt immer genug Materie für alle, Mutter Erde sorgt für all ihre Kinder. Wir brauchen uns vor Mangel nicht zu fürchten, solange wir geben und annehmen, was uns daraus erwächst.

Hinter Mangel steckt entweder ein Geizen mit Energie (Vielleicht haben wir im Widder nicht genug gegeben, weil wir zum Beispiel nicht wissen, was wir wollen, oder zuviel wollen.). Oder wir können nicht mehr annehmen, womöglich glauben wir, es nicht wert zu sein, es nicht verdient zu haben. Mangel kann auch daran liegen, dass das, was wir bekommen, gering geschätzt wird, das ernährt uns zu wenig. Als Folge davon stopfen wir gierig alles in uns hinein, ohne etwas davon zu haben.

Die Sonne muss sich im Stier mit Materie, mit dem Leben schlechthin beschäftigen. Sie muss lernen, ihr Leben zu schützen und zu pflegen, ihr Revier abzugrenzen und zu verteidigen, sich mit allen fünf Sinnen aufs Leben einzulassen und sich dem Leben hinzugeben.

Wo der Stier im Horoskop steht, in diesem Lebensbereich (Haus) soll man sich berühren lassen. Dort soll man sich mit allen fünf Sinnen einlassen.

Der Abschnitt des Stiers ist die Zeit, in welcher der Frühling wächst und gedeiht, die Saat geht auf, blüht, duftet und erfreut unsere Sinne (21.4. – 21.5.).

Auch wir wachsen und gedeihen und entfalten uns. Wir sind von Natur aus schön, Körper und Welt sind vollkommen! Wer sich offenen Sinnes umschaut, erkennt, wie wunderbar das Geschenk des Lebens ist. Und wir bekommen Lust, uns damit zu verbinden, was uns zu den Zwillingen führt. Sie bringen uns in Kontakt mit dieser schönen Welt.

Die Zwillinge

Der Geist

Wir besitzen also einen wunderschönen Körper, der aber erst noch mit dem Leben verbunden werden will. Das geschieht unmittelbar nach der Geburt durch das Atmen. Atmen ist ein aktiver Vorgang, die Zwillinge sind ein aktives, männliches Zeichen. Wir sind aufgefordert, etwas zu tun, nämlich uns dem Geist zu öffnen, den „göttlichen Atem" aufzunehmen, der toter Materie Leben einhaucht.

Materie ist polar, sie besteht immer aus zwei gegengleichen Polen, die einander anziehen. Auch unsere Atmung zeigt diese Polarität, wir atmen ein und aus. Während der Schwangerschaft sind wir noch vollkommen eins mit der Mutter, sie versorgt uns über ihren Blutkreislauf mit allem, was wir brauchen. Bei der Geburt fallen wir aus dieser Einheit heraus. Wir werden vom warmen, geborgenen Inneren in die fremde Außenwelt gequetscht und müssen gleichzeitig selber atmen. Damit lassen wir uns auf diese unbekannte Welt ein, aber gleichzeitig auch auf die Wesen, die darin leben, denn wir atmen alle die gleiche Luft.

Die Zwillinge sind ein Luftzeichen. Luft ist das Element des Geistes. Auf der Ebene des Geistes sind wir, obwohl auf der Körperebene von einander getrennt, miteinander verbunden. Den Geist müssen wir mit anderen teilen (mitteilen), denn es gibt nur einen Geist, der jedoch aus vielen verschiedenen Schwingungen besteht. Durch das Erlebnis der Geburt beginnen wir polar zu denken – weil wir von innen kommen, aus der unsichtbaren Innenwelt des Uterus, in eine scheinbar völlig andere Welt – und unterteilen alles in richtig und falsch, gut und böse etc. Und je nach dem, auf welchen Pol wir uns konzentrieren, erscheint uns das Leben positiv oder negativ.

Es braucht eben zwei Pole, damit der Geist den Raum dazwischen erfüllen kann. Dieser Raum ist die dritte Dimension, die sich aus den beiden anderen Dimensionen bildet. In der zweidimensionalen, sprich materiellen Welt ist der Platz beschränkt, aber der Raum nach oben ist unbegrenzt. Beim Einatmen schaffen wir Raum in der Lunge, die übrigens den Zwillingen zugeordnet ist, und von denen es ebenfalls zwei gibt, Raum, der von Geburt an rhythmisch mit Sauerstoff aufgefüllt wird. Zwischen den beiden Lungen findet ein Sauerstoffaustausch stattfindet, sie kommunizieren zusammen.

Wenn wir denken oder reden, senden wir über die Luft Schwingungen aus, wir hinterlassen darin „Spuren". Die Art wie wir denken und reden bestimmt die Frequenz der ausgesandten Schwingung, die unserem Inneren entspringt, und wie ein Echo kommt sie zu uns zurück, die (Schall-)Wellen werden von anderen zurückgeworfen.

Realität ist wandelbar, die Zwillinge sind ein bewegliches Zeichen. Verändern wir unser Denken, verändert sich auch unsere Realität. Die zwei Gesichter der Zwillinge sind im Grund die beiden Welten, die innere und die äußere, die sich gleichen wie Zwillinge. Wir projizieren unser Inneres nach Außen, damit es fassbar wird, wir stülpen es anderen (und uns) über. Wir können Menschen und Umstände gar nicht sehen wie sie sind, sondern sehen in ihnen uns selbst wie im Spiegel. Materie ist eine ideale Projektionsfläche, sie wirft automatisch unsere persönlichen Projektionen zurück, die der Art des Denkens entspringen. Andere scheinen zwar in unserer Umgebung in der gleichen Realität zu leben wie wir, aber sie haben eine andere Wahrnehmung. Wir teilen uns den gleichen Geist, nehmen ihn jedoch unterschiedlich wahr.

Würde die Welt sich in den Zwillingen nicht in zwei Teile spalten, hätten wir die Möglichkeit der Selbsterkenntnis nicht. Dazu brauchen wir Projektionsflächen. Lassen wir uns auf andere Menschen ein, lassen wir uns auf uns selber ein.

Wollen wir dieses Gegenüber kennen lernen, müssen wir uns seiner Schwingung öffnen. Das erreichen wir durch fragen. Stellen wir Fragen, verbinden wir uns mit der Schwingung anderer und lernen die Funktionsweise ihres Geistes kennen.
Auf diese Weise können wir uns auf alles einlassen, auf jedes Thema, jedes Wesen.

Je mehr wir lernen, umso mehr wissen wir und umso mehr verändert sich unser Denken. Der Geist nimmt immer mehr Raum ein, in welchem wir uns entfalten können. Ein geschulter Geist trägt uns wie ein gezähmtes Pferd schnell wie der Wind überallhin oder wirkt konzentriert wie ein Laser. Ein ungeschulter Geist schränkt dagegen das Leben ein. Dabei hungert der Verstand nach geistiger Nahrung.
Widder, Stier und Zwillinge bilden die Basis unseres Lebens, sie sind lebenswichtig. Folglich sind auch geistiger Austausch und Kommunikation lebenswichtig.

Gäbe es niemanden auf der Welt außer uns selbst, mit dem wir reden könnten, nicht einmal Tiere, würden wir sterben oder verrückt werden.

Wahrnehmung ist also subjektiv, das muss einem mit der Sonne in den Zwillingen bewusst werden. Jedes Gespräch ist ein Selbstgespräch, und man hört sich besser zu beim Reden, denn mehr noch über das, was andere sagen, erfahren wir etwas über uns, wenn wir uns zuhören. Wenn wir reden, spricht der unsichtbare Geist, der die Schwingung prägt, in der wir leben. Das ist Grund genug, diesen feinstofflichen Gesellen kennen zu lernen, um zu erfahren, wie er funktioniert, denn veränderbar ist nur, was wir kennen. Deshalb muss die Zwillinge-Sonne lernen, sich mitzuteilen und auszutauschen, damit sie sich und die Welt, die eigene und Tausend andere Realitäten kennen lernt. Der Geist einer Zwillinge-Sonne braucht Schulung.

Während der Zwillinge-Zeit (21.5. – 20.6.) geht der Frühling in den Sommer über, die Sonne erreicht den höchsten Stand, von da an, wo das Zeichen Krebs herrscht, geht sie „rückwärts" in die Dunkelheit. Die Zwillinge verbinden die Phase, in der die Tage länger werden, mit der Phase, in der sie kürzer werden.

Der Geist verbindet die beiden Welten, die innere und die äußere, den männlichen und den weiblichen Pol, er fliegt schneller als der Schall und trägt Informationen vom einen zum anderen. Jeder Körper zeigt zwar äußerlich nur einen Pol, männlich oder weiblich, doch wir tragen den Gegenpol unsichtbar in uns. Um den finden zu können, führt uns das Zeichen Zwillinge nach innen, zum ebenfalls unsichtbaren Unbewussten, oder kurz gesagt: zum Krebs.

Der Krebs

Die Seele

Unser Körper besteht aus annähernd 70 % Wasser. Wasser ist das vierte Grundelement und der Krebs die vierte Dimension, die Zeit. Wenn die Seele sich mit einem Körper verbindet, geschieht das auf Zeit, sie unterliegt dadurch den Gesetzen von Raum und Zeit.

Der Körper ist das Gefäß, in welchem sich die Seele einnistet und in welchem sie ein Leben lang wohnt. Jedoch existiert sie unabhängig vom Körper, sie geht darin ein und aus und wirkt durch ihn hindurch. Damit erübrigt sich die Frage, wann die Seele in den Körper kommt, bei der Zeugung, während der Schwangerschaft oder bei der Geburt. Die Antwort lautet: nie. Sie sucht sich instinktiv das richtige Nest aus, die passende Familie, wo Bedingungen herrschen, die ihr entsprechen, und durch die sie ihre Lektionen am besten lernen kann. Dort schläft sie bis sie geweckt wird, nur dass dieser Aufwachprozess der Seele ein Leben lang dauert.

Der Krebs ist ein passives, ein weibliches Zeichen. Wir können die Seele nicht selber wecken, wir brauchen andere Menschen dazu. Zu diesem Zweck stehen vor dem Krebs die Zwillinge, in welchen wir Kontakte knüpfen. Jedes Mal, wenn wir uns auf Menschen einlassen, lösen sie uns Gefühle aus und wir ihnen.

Der Krebs ist ein Wasserzeichen und Wasser steht für Gefühle. Wasser ist für die Erde und alles Leben lebenswichtig. Gefühle sind analog dazu das Wasser des Lebens. Wasser formt die Erde, Gefühle formen den Körper. Wasser, Gefühl, Seele und Schlaf sind dasselbe. Die Seele ist unsichtbar, wir können sie lediglich fühlen, aber auch nur, wenn uns Gefühle ausgelöst werden. Solange das Wasser sich in uns nicht bewegt, können wir es nicht wahrnehmen.

Der Krebs lebt in der Natur, wo Wasser und Erde auf einander treffen (Krebs/Steinbock). Alle weiblichen Tierkreiszeichen sind vom Wasser- oder Erdelement und stehen sich im Tierkreis gegenüber. Aus der Verbindung von Wasser und Erde entsteht beseelte Materie. Wird ein Kind geboren, ist es noch ganz schlafende Seele, es weiß nichts von sich und der Welt. Im Krebs werden wir immer Kind bleiben, wir werden immer darauf angewiesen sein, dass jemand kommt und unsere schlummernden Gefühle weckt, denen wir uns hingeben können.

Wasser bewegt Wasser, Gefühle lösen Gefühle aus. Wenn jemand weint oder wütend wird, löst das beim Gegenüber das Gleiche aus. Je näher uns ein Mensch kommt, umso mehr Gefühl löst er aus. Diese Gefühle können wir nicht erzeugen, sie sind einfach da, weil die Seele daraus besteht. Unsere Gefühle und Emotionen gehören uns, es kann nichts ausgelöst werden, was nicht da ist. Es hat keinen Zweck, Menschen aus dem Weg zu gehen, die unangenehme Gefühle auslösen. Sie bleiben uns erst recht erhalten, wenn auch unbewusst – bis der nächste sie berührt.

Dabei sind Gefühle neutral, weder gut noch schlecht. Es sind unsere Gedanken, die Gefühle bewerten und uns damit in emotionale Konflikte stürzen. Das Ziel wäre, Gefühle einfach fließen zu lassen. Das ist auch der Auftrag der Sonne im Krebs. Da der Krebs passiv ist, müssen wir lernen, uns den Gefühlen hinzugeben, uns ihnen zu ergeben, denn selektives Fühlen ist unmöglich. Entweder wir fühlen oder nicht.

Wer unangenehme Gefühle unterdrückt, hat auch keine angenehmen mehr, der ist seinen Emotionen ohnmächtig ausgeliefert. Denn je versteckter ein Gefühl, umso garantierter wird es jemand berühren. Wir sind nur dem Unsichtbaren und Unbewussten in uns ausgeliefert. Von dem, was wir kennen, geht keine Bedrohung aus. Wer seine Gefühle kennt, der wird davon weder unbewusst beeinflusst, noch fühlt er sich anderen ausgeliefert.

Doch wir fürchten uns nicht nur vor den Gefühlen, die uns ausgelöst werden, sondern mindestens so sehr vor denen, die wir auslösen. Auch darüber haben wir keine Kontrolle. Schließlich wollen wir nicht, dass andere wütend auf uns sind, oder traurig und verletzt wegen uns. Gefühle sind wie gesagt lebenswichtig, sie stillen unseren Durst.

Beim Krebs geht es um flüssige Nahrung, ums Säugen. Stillen löscht den Durst der Seele, löst Wohlgefühl und Geborgenheit aus, Gefühle demnach ebenso. Es ist also absolut nötig, einander Gefühle in Bewegung – und dadurch ins Bewusstsein – zu bringen. Denn nur ein bewusstes Gefühl ist ein gutes Gefühl! Jede noch so unangenehme Emotion, die in Bewegung kommt und bewusst wird, fühlt sich gut an. Das Ziel der Seele ist es, zu fließen, sich zu verströmen, so dass wir vom Wasser getragen werden. Wir brauchen uns bloß auf die Wellen zu legen, ohne Widerstand, dann kann uns nichts passieren. Kämpfen wir dagegen an, gehen wir unter.

Die unsichtbare und unbewusste Seele will bewusst werden. Das kann nur über das bewusste Fühlen geschehen. Gefühle werden bewusst, indem man sie fühlt. Wir müssen nichts tun, sondern etwas lassen, sie geschehen lassen und uns hingeben. Dann fühlen wir uns wie ein Säugling an der Brust, rundum zufrieden.

Die Zeit des Krebses ist der Sommer (21.6. – 20.7.). Die Sonne hat mit der Sonnenwende des Sommers ihren höchsten Stand erreicht und „krebst" ab jetzt sozusagen zurück in die Dunkelheit, die Tage werden kürzer. Dunkelheit ist gleichbedeutend mit unbewusst, der Krebs führt uns ins Unterbewusstsein, auf die innere unsichtbare Ebene, wo die Seele wohnt.

Unbewusste Gefühle und Emotionen spüren wir im Magen, das Organ, welches dem Krebs zugeordnet ist. Auch er muss annehmen was kommt – und es verdauen.

Die Seele speichert emotionale Erlebnisse wie Wasser Wärme. Solche unbewussten Gefühle belasten die Seele, so dass sie schwer wird und wie ein schmutziger Wassertropfen zur Erde fällt, um diese Altlasten zu erlösen (die Erde ist die Transformationsebene). Und dabei helfen uns andere Menschen instinktiv. Sie lösen unbewusst das Richtige aus, wenn wir sie lassen, so dass wir unseren Ballast erkennen und auflösen können. Er wird in Energie verwandelt, was uns zum Löwen führt.

 **Der Löwe**

Der Regisseur

Die Seele hat im Körper Platz genommen, das Abenteuer Leben kann beginnen. Während wir nach innen schauen, wächst unsere Kraft. Das heißt, jedes Gefühl, das wir fließen lassen, lässt die Kraft des Herzens wachsen. Jedes Gefühl, das sitzen bleibt, das nicht berührt und in Bewegung gebracht wird, wird dagegen zum Schatten im Herzen.

Löwenkraft bedeutet Lebensfreude. Es ist eine Lust, am Leben zu sein, einen Körper zu haben, durch den man lieben kann, handeln, sprechen und berühren. Er trägt uns durch die Welt und durchs Leben, durch ihn können wir kreativ aufs Leben einwirken. Die Schöpfung ist wunderbar. Es gibt darin Menschen, Tiere, Pflanzen, Berge, Flüsse, Seen... – und lassen wir uns auf das Leben von ganzem Herzen ein, macht es wirklich Spaß.

Das Leben ist ein Spiel, bei dem man mal gewinnt, mal verliert, aber immer sind wir es selbst, die bestimmen, was gespielt wird. Es liegt in unseren Händen, daran herumzuwerkeln bis es dem entspricht, was uns am Herzen liegt.

Das Leben beginnt und endet mit dem Schlagen des Herzens, dieses Organ, welches dem Löwen und der Sonne zugeordnet wird, ist das erste, welches vom ganzen Körper erschaffen wird.

Das Herz ist der heilige Gral der Artussage. König Artus wurde krank als sich sein Herz von seiner Königin abwendete, er verlor seinen Lebenswillen, weil er ihr nicht verzeihen wollte, dass ihr Herz für Lancelot schlug. Sein Unwille lähmte ihn – und wo kein Wille ist, ist auch keine Energie, kein Mut, keine Tatkraft. So wurden er und sein Land krank. Die Ritter der Tafelrunde machten sich auf, den heiligen Gral zu suchen – seinen verlorenen Willen zu finden, etwas wofür es sich zu leben und zu kämpfen lohnte. Parzival fand die Wahrheit, wohl weil er reinen Herzens war, und Artus fand zu seiner Kraft zurück.

Der Löwe ist ein männliches, aktives Zeichen. Wir müssen etwas geben, müssen uns einsetzen für das, was wir wollen, was uns wichtig ist, was uns am Herzen liegt. Wir müssen alles daran setzen, die Wünsche unseres Herzens zu erfüllen, denn wollen wir nicht, was wir tun oder wie wir leben, werden wir krank, und unser Land, sprich unser Leben, ebenfalls. Wo wir halbherzig dabei sind, entstehen höchstens Halbheiten.

Der Löwe ist ein fixes Zeichen, was dem Begriff „Leben" zu widersprechen scheint, da das Leben ständige Veränderung bedeutet. Es ist jedoch wie ein Gefäß, in welches wir einfüllen, was wir darin haben wollen. Das Leben wurde uns für eine Spanne Zeit anvertraut, und wir sollen es nicht nur erhalten, sondern es unermüdlich mit der Kraft unseres Herzens zur Entfaltung bringen. Daran sollen wir festhalten, und deshalb ist es fix.

Aber wir zeigen beim Gestalten unseres Lebensspiels oft wenig Selbstachtung. Statt wie Kinder verschiedene Rollen, Verkleidungen und Masken auszuprobieren, versteifen wir uns sehr gern darauf, Dramen zu spielen, eine Opferrolle in mehreren Akten. Darin gehen wir so richtig auf. Es ist natürlich praktisch, andere vordergründig das eigene Leben gestalten zu lassen. Wir schieben ihnen hinter-

gründig die Rolle des Bösewichts zu und tragen selber die Maske des Unschuldi-
gen, des Guten – dem Opfer fliegen schließlich alle Herzen zu.

Und so verkleiden wir uns als Unschuldslämmer und staunen, warum unser Leben
so wenig lebendig, lebens- und liebenswert ist. Wir haben aufgehört, verspielt
zu sein, und leben nur noch die Rolle, die am bequemsten und naheliegendsten
ist, und mit der wir Ängsten am besten ausweichen können. Aber es ist eben
eine, die nicht besonders Freude macht, denn an der Freude in unserem Leben
können wir messen, wie sehr uns die Rolle am Herzen liegt, wie viel Energie wir
einbringen.

Während sich unser Herz kreativ betätigt, was immer der Fall ist, denn wir sind
immer Schöpfer unseres Lebens, ob wir das wissen oder nicht, gestalten all seine
Schatten mit. Das erkennen wir am Ergebnis, an der Rechnung für unser Tun, die
uns in der Jungfrau präsentiert werden wird.

Wenn wir sowieso Schöpfer unseres Lebens sind, warum erschaffen wir uns nicht
gleich unseren persönlichen Garten Eden? Die Kraft dazu haben wir ja. Wir müssen nur den Löwen von der Kette lassen, das Herz befreien und einfach aufhören,
in unserem Leben nur Statisten zu sein. Es braucht Mut, die Hauptrolle zu spielen,
die wir uns wünschen – und ohne Manipulation über unser Leben zu herrschen,
zu zeigen, dass man darin König oder Königin ist. Das zeugt von Selbstachtung,
und haben wir die, strahlen wir eine natürliche Autorität aus. Man erkennt unsere Herrscherwürde über unser Leben problemlos an.

Gefällt uns aber das Stück nicht, in dem wir spielen, dann schreiben wir es doch
einfach um, so lange, bis es zum Lustspiel wird. Es sei denn, ein Melodrama
macht uns mehr Spaß.

Den Löwen von der Kette zu lassen, bedeutet nicht, seinen „Samen" nach Lust
und Laune zu verschenken und jedem flüchtigen Vergnügen nachzurennen. Das
wäre wiederum bloß eine halbherzige Sache. Es bedeutet vielmehr, sich und seine Wünsche nicht zurückzunehmen und mit aller Kraft an der Gestaltung des
erwünschten Lebens zu arbeiten, ohne sich herauszureden oder sich zu drücken,
ohne Angst oder trotz allfälligen Versagensängsten.

Die Zeit des Löwen ist der Hochsommer (23.7. – 22.8.). Es ist heiß und wir feiern so manches Fest, denn es ist eine Lust zu leben. Der Körper braucht wenig Kleidung, und es ist erotisch, fast nackt zu sein. Jedenfalls, wenn wir Freude an Körper und Leben haben – und diese durch feiern ausdrücken. Ein Fest zu feiern bietet die Möglichkeit, Freude zu leben, Spaß zu haben und zu lachen und dem Gleichmaß des Alltags, der harten Arbeit für einmal zu entkommen. Auch das bringt Kraft.

Die Möglichkeiten des Lebens spielerisch zu erforschen und nach Herzenslust zu gestalten, ist lustvoll und macht eine Menge Spaß. Jedoch gibt es dabei Regeln und Grenzen. Zum Beispiel, dass wir nicht mehr Kinder zeugen, als wir ernähren und aufziehen können. Innerhalb dieser Grenzen, die uns in der Jungfrau gesetzt werden, haben wir allerdings bedeutend mehr Möglichkeiten als wir jemals ausschöpfen können. Regeln und Grenzen lenken die Schöpferkraft in geordnete Bahnen, so dass sie genutzt werden kann. In der Jungfrau dürfen wir die Konsequenzen unseres Handelns tragen und manchmal auch ertragen.

 ## Die Jungfrau

Die Vernunft

Weise Herrscher bauen nur so viele „Schlösser", wie sie vernünftig bewirtschaften können, ohne ihr Volk durch übertriebene Steuern auszusaugen, um auf großem Fuß leben zu können. Wer herrschen will (Löwe), muss dienen (Jungfrau) können, denn nur wenn es seinem Volk gut geht, geht es auch dem Herrscher gut. Er muss die Energie, die ihm zufließt wie ein Gefäß aufnehmen, verwalten und in geordnete Bahnen lenken, so dass alle etwas davon haben. Jedes Volk hat übrigens den Herrscher, den es verdient.

Was wir im Löwen kraft unseres Herzens erschaffen, ernten und verwalten wir in der Jungfrau. Hier müssen wir die Konsequenzen tragen und manchmal auch ertragen (Ertrag). Diese Konsequenzen lehren uns überzeugend, dass es im Umgang mit der Schöpferkraft Regeln gibt, an die wir uns im eigenen Interesse halten sollten. Wurde die Energie in Saus und Braus verprasst, wird aus Lebensfreude rasch der Ernst des Lebens, wenn nicht einmal mehr genug übrig bleibt fürs Überleben.

Energie muss eingeteilt und überlegt ausgegeben werden, mit ihr umzugehen, ist nämlich keine leichte Sache, das müssen wir immer wieder am eigenen Leib erfahren. Am Körper zeigt sich jede Misswirtschaft des Energiehaushalts. Jedes Organ hat im Leben seine Entsprechung, wenn es erkrankt, sehen wir daran, wo in unserem Leben die Energie nicht richtig fließt. Krankheiten, Unfälle und Krisen sind nicht unsere Feinde, sondern die besten Energielenker, durch die wir unsere Fehler im Umgang mit der Energie begreifen und bereinigen können, sie sind für uns, was Verkehrsschilder und Ampeln für den Verkehr bedeuten.

Obwohl wir uns vielleicht sehr anstrengen, entspricht das Ergebnis oft nicht dem Einsatz. Betätigt sich das Herz kreativ, gestalten die Schatten darin mit, sie werden sichtbar durch das, was uns im Leben fehlt. Probleme sind Geschenke, an denen wir wachsen, und um sie, respektive die Schatten, aus denen sie entstehen, erkennen zu können, müssen wir die Situation analysieren, eine Anamnese, Bestandesaufnahme machen, um zur Diagnose zu kommen. Wissen wir, was uns fehlt, lässt sich der Energiefluss korrigieren. Jedoch, allein die Krise bedeutet bereits Heilung, denn wir verändern unser Verhalten, um gesund zu werden. Damit hat sie ihren (Lehr-)Zweck erfüllt.

Könnten wir uns ihr einfach hingeben, würde die notwendige (= Not wendende) Korrektur unseres Tuns weniger schmerzen. Die Jungfrau ist ein bewegliches Zeichen, sie muss sich an herrschende Bedingungen anpassen, ohne sich dagegen zu wehren, ohne Jammern und Klagen. Das macht magere Ernten nicht besser, im Gegenteil: Nur wenn wir schätzen, was wir haben, ernährt es uns.

Die Jungfrau ist ein Erdzeichen wie der Stier, auch hier geht es um Wertschätzung. Wenn nötig sorgen Existenzängste dafür, dass wir uns verbessern. Wir brauchen Mangel nicht zu fürchten, solange wir am Leben teilnehmen. Wir bräuchten uns nicht einmal zu versichern aus Angst vor der nächsten Katastrophe.

Je aufmerksamer wir gegenüber unserem Leben werden, umso weniger muss die Korrektur über den Körper laufen, denn die Körperebene ist eine unbewusste Ebene, die uns über Instinkte lenkt, solange wir unbewusst sind. Bewusstsein entsteht nicht durch Kontrolle, wie wir oft glauben. Je mehr wir versuchen, die Fäden in den Händen zu halten, umso eher entgleiten sie uns. Bewusstsein entsteht durch Erfahrung. Wir brauchen uns nur den Anforderungen des Lebens hinzugeben, denn was uns (heraus-)fordert, fördert uns.

Weder ist das Leben schlecht, noch die Menschheit als Ganzes. Was schlecht sein mag und geheilt gehört, ist immer nur unsere persönliche Welt. Dazu haben wir die Jungfrau erhalten, sie findet heraus, was nicht in Ordnung ist. Ihr manchmal lästiger Perfektionismus rührt daher, dass es immer etwas gibt, das noch nicht heil ist. Die Arbeit an uns selbst geht uns niemals aus. Der Darm wird ihr zugeordnet, darin werden Stoffe analysiert und kritisiert

Die Sonne lernt in der Jungfrau, dass echte Hilfe nur Hilfe zur Selbsthilfe sein kann. Es kann sich jeder nur selber heilen, wenn häufig auch nur unter Beihilfe von Hilfsmitteln wie Therapien und Medikamente. Will sie jemandem wirklich helfen, hält sie ihn erstens für fähig, seine Aufgaben zu lösen und unterstützt ihn dabei, sofern sie dazu aufgefordert wird. Zweitens kann sie nur helfen, solange die eigenen Bedürfnisse nicht vernachlässigt werden.

Die Sonne muss in der Jungfrau lernen zu beobachten, aufmerksam zu sein gegenüber Körper und Leben, zu analysieren und zu kombinieren, bis ins Detail zu gehen. Und vor allen Dingen muss sie lernen, sich nicht ungebeten einzumischen vor lauter Mitleid und Sehnsucht nach einer heilen Welt. Die Menschen brauchen ihre Zu- und Umstände – solange es Menschen gibt, gibt es Probleme, ohne die sie sich nicht entwickeln können. Diese Zu- und Umstände fördern sie.

Der Körper ist ein Ort der Kraft, dessen Substanz sich bei richtiger Ernährung und Pflege von selber regeneriert. Je mehr Aufmerksamkeit und Liebe er erhält, umso länger bleibt er erhalten. Lässt man ihn seine Arbeit tun, funktioniert er perfekt wie eine Schweizer Präzisionsuhr. Auch dafür sorgt die Jungfrau, dass der Körper erhält, was er braucht, zum Beispiel die richtige Ernährung.

Der Körper ist das Tor zur Welt und umgekehrt zum Kosmos – durch ihn gehen wir ein und aus. Wir haben einen Körper, doch wir sind nicht der Körper! Er ist der Tempel der Seele, schon allein deshalb ist er heilig. Reinigung und Pflege brauchen wir auf allen Ebenen, nicht nur der Körper, auch unsere Gedanken bedürfen der Klärung (Psychohygiene), denn ihre Wirkung auf den Körper ist enorm, deshalb ist jede Heilung des Körpers immer auch eine geistige Heilung.

Die Jungfrau ist die Jahreszeit des Übergangs vom Sommer zum Herbst (24.8. – 23.9.). Die Früchte der Arbeit werden geerntet, Nüsse gesammelt, Beeren eingemacht, Äpfel getrocknet. Die Natur versorgt uns mit allem: Wir müssen es nur haltbar machen, um mit dem Ertrag ohne Not über den Winter zu kommen und unsere Existenz zu sichern. Wir müssen weise planen und haushalten, vorsorgen und einteilen. Weil wir in unseren Breitengraden nur einmal im Jahr ernten können, hat die Jungfrau in uns Kühlschränke erfunden. Wie schon gesagt: Was uns fordert, fördert uns – und fordern tun uns Schwierigkeiten und Probleme. Der Reichtum der Industriestaaten ist die Folge der notwendigen Vorsorge. In der südlichen Hemisphäre hingegen ernten sie das ganze Jahr über.

Als Mensch sind wir nie ganz, heil, etwas fehlt uns immer, da der Körper nur einen Pol, eine Hälfte zeigt, die andere ist unsichtbar in uns verborgen. Um diese zu erkennen, schauen wir in der Waage in den Spiegel.

Die Waage

Yin und Yang in Harmonie

Während die Jungfrau den Energieeinsatz kritisiert und korrigiert, müssen die Energien in der Waage abgewogen und ausgeglichen werden. Dazu brauchen wir ein Gegenüber, ein Du, denn die Waage ist ein Luftzeichen und der Ausgleich findet durch Austausch statt. Nur wenn man sich, das Ich (der Widder steht der Waage gegenüber) in eine Beziehung einbringt, sind die Waagschalen der Waage im Gleichgewicht.

In der Jungfrau hieß es, wir können uns nur selber heilen – was uns fehlt, ist in uns zu finden. Aber da es nicht greifbar ist, brauchen wir wieder, wie in den Zwillingen, Projektionsflächen, um es sichtbar zu machen. Im Gegensatz zu den Zwillingen, wo wir uns ganz allgemein auf die Welt einlassen, suchen wir in der Waage jemanden, mit dem es für uns vorstellbar ist, eine nahe (Liebes-) Beziehung einzugehen, eine, die unseren, ebenfalls mehr oder weniger unbewussten, Vorstellungen von Beziehung entspricht. Sind wir bereit uns einzulassen, befinden wir uns geistig auf dem Partnermarkt, welcher kein Ort ist, sondern eine Schwingungsebene, unsere Schwingung zeigt, wir sind zu haben.

Geeignete Projektionsflächen für unsere Themen ziehen uns bei der Partnersuche magisch an. Solche Menschen wirken seltsam vertraut, als würden wir sie schon lange kennen. Dabei sind es unsere eigenen Themen, die wir an ihnen wahrnehmen und die uns bekannt vorkommen. Je näher uns ein Mensch kommt, umso besser können wir uns in ihm erkennen, deshalb lernen wir in einer Liebesbeziehung am meisten über uns.

Eine erfüllte Beziehung beginnt bereits bei der Partnerwahl. Die richtige Person ist diejenige, mit der wir uns vorstellen können, all das zu leben, was wir von einer Beziehung wollen. Am besten macht man sich dazu einen detaillierten Wunschzettel, damit sendet man die entsprechende Schwingung aus. Dieser Wunschzettel ist jedoch gleichzeitig eine Vorgabe für uns, was wir in die Beziehung selber einbringen müssen, denn all das, was wir uns vom anderen wünschen, müssen wir geben (die Waage ist männlich, aktiv). Wir müssen unsere Wünsche, Vorstellungen, Gedanken und Gefühle mit dem anderen teilen. Zeigen wir nur unsere Schokoladenseiten, weil wir glauben, nur so geliebt zu werden, fühlen wir uns in der Folge nicht angenommen, nicht geliebt als das, was wir sind. Es folgt auf die rosarote Phase der Verliebtheit, eine Phase der Illusion, die Enttäuschung. Wir haben einander getäuscht, uns als jemand ausgegeben, der wir nicht sind. Dann stehen wir zwangsläufig eines Tages als Fremde voreinander, und es braucht ziemlich viel Reife, eine solche Beziehung auf eine gute Basis zu bringen.

Die Schwingung, die wir aussenden, kommt zu uns zurück. Nur wenn wir uns ohne Verstellung auf den Partnermarkt begeben, haben wir die Chance, den Menschen zu begegnen, die genau das suchen, was wir sind. Solche Beziehungen werden nie anstrengend, das Gegenüber passt zu einem wie der Handschuh an die Hand, und wir können ganz wir selber sein, unseren Willen zeigen, tun was unser Herz begehrt und uns entfalten. Der Wille des anderen läuft ganz von selbst parallel dazu.

Beziehungen können kein mangelndes Selbstwertgefühl wettmachen, aber sie machen diesen und andere Mängel bewusst. Am Partner, Freund, an der Kollegin, im Spiegel unserer Beziehungen sehen wir, was uns fehlt, jedoch auch Fähigkeiten und Eigenschaften – alles, was uns von uns noch nicht bewusst ist. Ein Gegenüber dient deshalb als Spiegel für unsichtbare Schwingung, und Spiegel lügen nicht, sie geben nur wider, was da ist, was wir tun und was wir unterlassen.

Was der Beziehung fehlt, kann nicht vom Spiegel kommen, weshalb es auch unmöglich ist, einen Partner zu verändern oder zu erziehen. Wir können nur uns selbst verändern, das verändert auch die Beziehung oder führt zu einem Wechsel der Projektionsfläche.

Leider verstehen wir nicht immer richtig, was wir sehen. Wir interpretieren zu viel und beobachten zu wenig genau – und wollen uns aus diesem Grund nicht damit identifizieren. Wir bekämpfen andere und kämpfen dadurch gegen uns selbst. Wird ein Spiegel zerstört, bleibt das, was er zeigte, erhalten und taucht in einem anderen Spiegel auf. Nur was erkannt wird, ist erlöst und verschwindet von der Spiegelbildfläche.

Die wahre Hochzeit findet eben nicht auf dem Standesamt oder in der Kirche statt. Sagen wir ja zu einem Menschen, ist das im Grund ein Ja zu uns, zu einem unbewussten Anteil von uns, wodurch wir uns mit ihm verbinden. Im Falle einer Trennung verlieren wir die Projektionsfläche, aber nicht diesen Teil. Es tauchen andere Menschen auf, die sich dafür zur Verfügung stellen.

Das Yin- und Yang-Zeichen ist das Symbol des Ausgleichs der beiden Pole, auf denen die Erde ruht, von Bewusstsein und Unterbewusstsein, von Ich und Du, Mann und Frau. Einen Ausgleich der beiden Teile erreichen wir dadurch, dass wir in unserem Alltag Aktivität und Passivität gleichermaßen berücksichtigen, zu gleichen Teilen leben. Damit schaffen wir automatisch die angestrebte Gleichwertigkeit zwischen Mann und Frau, und sie wird im Spiegel sichtbar. Die beiden Teile oder Pole bilden zusammen ein Ganzes, eine Achse, einen geistigen Kanal, durch welchen die Zeugungsenergie des Widders gegenüber einfließen kann, um physische und geistige Kinder (Projekte) zu erschaffen.

Wer unter dem Zeichen Waage geboren wurde, hat den Auftrag, Aktivität und Passivität auszugleichen und sich zu diesem Zweck auf andere einzulassen, um zu sehen, wo er damit steht. Er muss lernen, sich, das Ich, seinen Willen (Aktivität) in seine Beziehungen einzubringen, statt sich wie so oft zugunsten anderer aufzugeben (Passivität). Das Ich soll mit dem Du geteilt werden.

In der Waage sind wir jedoch alle dazu aufgefordert in den Spiegel zu schauen, um erkennen zu können, wie sehr Yin und Yang im Inneren in Einklang sind. Sich jemandem ganz zuzuwenden und sich auf ihn einzulassen, dient der Selbstfindung. Keine Person steht über oder unter der anderen, wer vor uns steht, ist immer ein Spiegelbild unseres Ichs, und unser Ich eine Projektionsfläche für die Person. Jeder Mensch, auf den wir uns einlassen, ergänzt unser Ich.

Auf der körperlichen Ebene sind für die Waage die Nieren, was für die Zwillinge die Lunge ist, auch davon gibt es zwei.

Nicht von ungefähr ist die Jahreszeit der Waage (23.9. – 23.10.) die Zeit der Tag-und-Nacht-Gleiche, eben beides gleich – Tag und Nacht – hell und dunkel – Bewusstes und Unbewusstes – Mann und Frau, welche sich zu diesem Zeitpunkt der Entwicklung die Waage halten. Die Herbstsonnenwende entwickelt eine unglaubliche Schönheit und Farbenpracht, genau wie die Frühlingssonnenwende, die ihr gegenüber liegt. Die Natur gibt alles, was sie hat, ohne es zu beurteilen, ohne zurückzuhalten, weil es vielleicht nicht gut genug ist. Was wir zu geben haben, ist immer für irgendjemand schön und genau das, was er sich wünscht. Nichts von uns ist zu gering, als dass es nutzlos wäre. Die Natur gibt Blätter, Früchte, Beeren und Samen, damit daraus im Frühling neues Leben entstehen kann. Für die Verwandlung und Wiedergeburt von Materie ist jedoch der Skorpion zuständig.

 **Der Skorpion**

Hinab in die „Unterwelt"

In der Waage hielten sich Bewusstsein und Unterbewusstsein die Waage, doch der Prozess des Bewusstwerdens geht weiter.

Nahe Beziehungen berühren zutiefst, und nicht nur das Herz und leidenschaftliche Gefühle, sondern auch den Skorpion, das „Tier" in uns, jener Anteil, der für

Triebe und Instinkte zuständig ist. Deshalb ist es zwar relativ leicht, jemanden kennen zu lernen, jedoch schwer, von der flüchtigen Begegnung zur tiefen Beziehung zu gelangen. Denn, je näher uns jemand kommt, desto heftiger reagieren wir instinktiv mit Abwehr. Wir verspüren mehr oder weniger den unbewussten Drang zu flüchten.

Die Instinkte sind die Wachhunde des Lebens, die sich auf alles stürzen, was sie nicht kennen, und dieser automatische Selbstschutz macht es uns schwer, überhaupt jemanden an uns heran zu lassen. Leichter fällt es, wenn wir jemanden lieben oder mögen, dann erlauben wir ihm das Betreten unseres Reviers. Aber sogar dann fürchten wir uns noch unbewusst davor, dem anderen zu unterliegen und von ihm verletzt zu werden.

Materie (der Stier steht dem Skorpion gegenüber) braucht einen starken Schutz, da sie leicht zu zerstören ist. Aber nur die Form, das Körperliche, ist sterblich, die Lebenskraft, Vitalität oder Antriebskraft, die es beseelt, ist unzerstörbar. Diese „Antriebskraft", wird immer wieder wiedergeboren, manifestiert sich in immer neuen Formen. Über diesen Teil sind wir manipulierbar, da er in seinem Bestreben, uns zu schützen, berechenbar reagiert.

In der Mythologie ist es der Drache, den wir aus Angst am liebsten töten möchten, bevor er uns mit seiner wilden Kraft etwas antut. Das würde aber bedeuten, uns selbst zu töten. Wir brauchen diese Kraft, um in der Entwicklung weiter zu kommen. Sie wird wie in einem Atom- oder Wasserkraftwerk durch Transformation gewonnen, wenn wir den Drachen, das Tier im Skorpion, erkennen und zähmen. Es trägt uns im Schützen zum Himmel hinauf, in der klassischen Astrologie hieß dieses Zeichen deshalb Skorpion-Adler.

Um diesen Teil wahrnehmen zu können, brauchen wir die Hilfe anderer, wie im Krebs müssen diese Triebe, die nichts anderes sind als Gefühle, berührt werden, weshalb die Waage vor dem Skorpion steht. Sie bleiben sonst im Unterbewusstsein verborgen und beeinflussen uns ohne unser Wissen, wir sind ihnen ausgeliefert. Wir können nichts anderes tun, als uns diesen Gefühlen ergeben – der Skorpion ist ein weibliches Zeichen –, worauf automatisch die Verwandlung stattfindet.

Indem wir Gefühle wie Eifersucht, Neid, Gier, Verlustangst usw. zulassen, die diesem Teil entspringen und deshalb ihre Berechtigung haben, ohne darauf zu reagieren, werden sie uns bewusst. Was bewusst ist, hat keinen Einfluss mehr, darüber können wir nicht mehr manipuliert werden und sind somit unseres Lebens mächtig. Macht bedeutet Bewusstsein, frei entscheiden zu können, die Schritte bewusst selber zu lenken, zu agieren statt zu reagieren.

Wir können nicht länger von Politik und Wirtschaft über Ängste manipuliert werden, denn die berühren gern solche Urängste der Menschen, um die Masse in eine gewünschte Richtung zu lenken, eine, die für sie Profit (materielle Sicherheit) verheißt. Auch das dient unserer Entwicklung. Aber nur der Ohnmächtige übt über andere Macht aus, das erkennt man daran, dass in solchen Kreisen ein extrem triebhaftes Verhalten herrscht. Der wahrhaft Mächtige, der seine Triebe erkennt, fürchtet sich nicht vor anderen und muss keine Macht ausüben. Er spielt keine Machtspiele in der Beziehung, um Verletzungen auszuweichen und ist weder sich noch anderen, noch seinen Trieben ausgeliefert. Er hat sie gezähmt und kann sie nützen.

Rein triebhaftes Verhalten ist zerstörerisch. Es treibt uns zu Dingen, die wir normalerweise nicht tun würden. Wir fühlen uns schuldig, wann immer die Pferde mit uns durchgehen, und schämen uns dafür. Sei es auch nur, dass wir uns an jemandem rächen, oder wir schlafen in sexueller Erregung mit jemandem, den wir ohne sie nicht in Erwägung ziehen würden. Schuldgefühle gehören ebenso zur Grundausstattung des Menschen wie dieser Teil, der dafür sorgen muss, dass das Leben erhalten bleibt. Wenn das Tier gezähmt ist, fällt auch die Schuld weg, dann wird man vom Spiegel, von außen, nicht mehr beschuldigt.

Der Stachel des Skorpions ist ein Symbol für Lebensenergie, er ist gleichzeitig Phallus und Zauberstab und dient der Verwandlung. Der Zauberstab verwandelt Materie, der Phallus – dem Skorpion sind Fortpflanzungs- und Ausscheidungsorgane zugeordnet – verwandelt Engel in Menschen.

Wenn der Skorpion mit seinem Stachel angreift, dient das übrigens der Selbsterhaltung, nie der Zerstörung des anderen. Solange wir unbewusst sind, braucht es „teuflische" Triebe und Instinkte, die stark genug sind, uns zu bewegen. Und richten wir damit in unserer Unwissenheit Schaden an, lernen wir dadurch den richtigen Umgang. Nichts quält uns mehr, als wenn wir andere verletzen, das können wir uns selbst kaum verzeihen.

Der Stachel ist gleichzeitig ein Pfeil, der auf den Körper zeigt und damit die Richtung anzeigt, in welche die Entwicklung weitergeht. Giftiger noch als der Stachel sind verdrängte Gefühle, die im Körper gespeichert sind. Wie Wasser, das nicht fließt, vergiften sie uns mit der Zeit. Die Sonne hat im Skorpion die Aufgabe, sie aufzuspüren, bei sich und anderen. Berührt sie unbewusst solche Gefühle, fühlt es sich an, als würde man gestochen. Und da wir auf der Seelenebene alle verbunden sind, drücken wir einander automatisch die richtigen Knöpfe.

Die Sonne muss im Skorpion den Drachen zähmen, indem sie sich bis ins Innerste berühren lässt, um ihn zu wecken, ohne sich davon zerstören oder zu einem bestimmten Verhalten zwingen zu lassen. Sie muss hinschauen, wo der Pfeil hinzeigt, in die Tiefe schauen, um zu sehen, was dort ist. Alles, was sie benennen kann, ist erlöst. Es fließt vom Unterbewusstsein ins Bewusstsein. Sie muss den Frosch küssen, damit er entzaubert wird.

Die Erde ist ein Ort der Transformation, wo unbewusste, „verwunschene" Anteile erlöst werden können (Froschkönig), denn alles, was unbewusst ist, belastet die Seele, so dass sie „vom Himmel" zur Erde fällt, so oft, bis alle Anteile erkannt und erlöst sind. Wir erhalten einen Körper, Materie wird uns geborgt, und wir schulden es dem Leben, dieses Gefäß zu schützen, daran festzuhalten – der Skorpion ist ein fixes Zeichen –, und das Leben darin zur Entfaltung (Schütze) zu bringen.

Alles Leben strebt zum Licht. Wenn sich die Lebenskraft in der Zeit des Skorpions (24.10. – 22.11.) zurückzieht, sammelt sie einerseits neue Kräfte für den nächsten Frühling, um noch höher zur Sonne hinauf zu wachsen. Andererseits: Materie verbraucht sich, Erneuerung ist notwendig, aber Materie besteht aus den vier Grundelementen und die Summe der Materie bleibt immer gleich. Deshalb muss verbrauchte Materie sterben, damit daraus wieder neue geboren werden kann. Nichts geht verloren, es verwandelt sich bloß. Reinkarnation ist ein ständiger Verwandlungsprozess – bis unsere „Herzen" so leicht und „licht" wie eine Feder sind, völlig durchlässig und ohne Widerstand. Dann ist das Karma beendet, weil wir keine unbewussten triebgesteuerten Ursachen mehr setzen, deren Folgen uns aufwecken müssen, dann ist auch der Tod überwunden.

Was transformiert werden soll, muss akzeptiert werden, denn loslassen heißt annehmen, nur was bewusst ist, verschwindet von der äußeren Bildfläche und aus
dem Spiegel. Es wird zum integrierten Teil von uns, und jeder solche Teil macht
uns stärker, so dass wir die Kraft erhalten, über die Materie hinauszuwachsen auf
die Ebene des Schützen.

 ### Der Schütze

Nach den Sternen greifen

Im Skorpion sind wir dem Stachel respektive Pfeil nach innen gefolgt, der Pfeil
des Schützen verweist uns von dort auf höhere Ebenen des Daseins. Wir sollen
nun über den Horizont der Erde hinaus schauen und unser Bewusstsein, das
bisher auf die Materie fixiert war, erweitern. Dazu brauchen wir Kraft, denn die
Anziehungskraft der Erde muss zu diesem Zweck überwunden werden.

Die notwendige Antriebskraft liefert der Skorpion. Er ist der Katalysator, denn,
um weiteres Leid zu vermeiden, fangen wir an, Ursachenforschung zu betreiben,
den Sinn des Leidens zu suchen. Das ist der Moment, wo wir beginnen über die
Materie hinauszuwachsen. Philosophische Fragen nach dem Ursprung schulen
und entwickeln das Bewusstsein, führen es über seine Grenzen hinaus in immer
größere Dimensionen.

Wir sind immer noch größtenteils unbewusste Schöpfer unseres Lebens – der
Schütze ist ein Feuerzeichen – und diesem unbewussten, instinktiven Verursachen von Wirkungen ausgeliefert. Wir wissen nicht, was wir tun, und immer
wieder hat dieses unbewusste Handeln auch negative Auswirkungen. Karma
(Skorpion) ist keine Strafe, sondern die vollkommen neutrale Antwort auf unser
Wirken, das, was uns daraus erwächst, im Guten wie im Schlechten, nur dass
gute Wirkungen nicht bewusster oder wacher machen. Leiden rüttelt und weckt
uns auf, erst aus Schaden werden wir bekanntlich klug.

Geht es uns schlecht, sind wir zudem eher bereit, an eine höhere Macht zu glauben, die über uns wacht, die Geschicke lenkt und uns führt, und darum geht es
im Schützen. Der Wunsch nach Kontakt und Austausch mit dem Unsichtbaren,

mit Gott, erwacht, der Schütze ist das letzte der drei Beziehungszeichen. Die Beziehung zum Feinstofflichen fördert die Höherentwicklung unseres Bewusstseins, und an etwas zu glauben, das nicht greifbar ist, hilft, es zu erschaffen.

Unsere Kreativität nimmt im Schützen viel größere Dimensionen an. Ein Gebet ist übrigens nichts anderes als ein Ausrichten des Willens auf eine höhere Ebene. Wir streben immer stärker nach der Wahrheit, nach mehr Überblick im Leben, was irgendwann dazu führt, dass wir die Zusammenhänge zwischen den Wirkungen, mit denen wir leben, und ihren Ursachen (unser Verhalten, unsere Handlungen und Entscheidungen) entdecken.

Ohne Schlange (Skorpion) hätten wir also keinen Antrieb, keine Motivation, uns weiter zu entwickeln, wir könnten die Äpfel vom Baum der Erkenntnis nicht pflücken. Ohne Dunkelheit würden wir uns nicht nach dem Licht strecken, den Geist nicht auf die Reise schicken. Jedes Licht, das uns unterwegs aufgeht, ist aber lediglich ein Fragment des vollkommenen Bewusstseins, welches wir im Schützen noch nicht erfassen können, weil es für den Verstand zu groß, zu abstrakt ist.

Indem wir uns Gedanken machen, über Gott und die Welt philosophieren, entwickelt deshalb jeder seine persönliche Art, das Leben zu betrachten, seine Weltanschauung oder Religion, beeinflusst einerseits von der Erziehung, andererseits von den eigenen Erfahrungen. Diese kann sich im Laufe des Lebens ständig verändern, da wir auch immer wieder neue Facetten entdecken, weshalb der Schütze beweglich ist. Und auch, damit wir uns auf alles einlassen können, was uns im Leben begegnet, und Erfahrungen sammeln, damit wir wieder aufstehen, wenn wir mal auf die Nase fallen. Erfahrungen machen uns weiser, bewusster, reicher, und an diesem inneren Reichtum lassen wir einander auf Anfrage teilhaben.

Der Schütze ist ein Kentaur, halb Pferd, halb Mensch, der menschliche Oberkörper wächst aus dem Pferdeleib empor. Auch hier zeigt sich eine Beziehung zwischen zwei verschiedenen Teilen, die auf einander angewiesen sind. Das Pferd braucht jemanden, der es lenkt, um nützlich zu sein. Aber was nützt es, den Weg zu kennen, wenn man keinen Körper hat, um darauf zu gehen und Erfahrungen zu machen? Zudem brauchen wir die Pferdestärke, wenn wir nach Erkenntnissen suchen. Der Schütze ist ein männliches Zeichen, Erkenntnisse wollen erarbeitet werden.

Die Sonne soll im Schützen die Nase vom Boden heben und nach oben schauen. Das Geschehen am Himmel spiegelt das Geschehen auf der Erde wider, die Sternbilder weisen den Weg auf der Erde. Die Schütze-Sonne muss lernen, sich vertrauensvoll der Führung von oben zu überlassen, obwohl diese nicht greifbar ist. Führung erhalten wir zum Beispiel auch durch Bücher wie die Bibel, wo all unsere Lernschritte festgehalten sind, sie geben bei Bedarf Antwort auf alle möglichen Lebensfragen.

Urvertrauen soll entwickelt werden, indem sich die Schütze-Sonne trotz Ängsten traut, entsprechend der inneren Überzeugung zu handeln und sich ihre Wünsche zu erfüllen. Die Schütze-Sonne strebt nach mehr, danach, die ganze Wahrheit zu erfahren. Sie will wissen, warum die Dinge sind wie sie sind. Um diesem Streben nachzugeben, muss sie den Geist auf die Reise schicken, wo sie Antworten auf ihre Fragen erhält. Ständige Erweiterung des Bewusstseins soll angestrebt, Erfahrungen wach und bewusst gemacht und ausgewertet werden. Außerdem ist es wichtig, die Zusammenhänge zwischen Ursache und Wirkung zu erkennen.

Der Schütze herrscht über die Adventszeit (23.11.-21.12.), dem Übergang vom Herbst zum Winter. Je dunkler es wird, desto mehr Lichter entzünden wir als Symbol für die Lichter, die uns aufgehen. Die vier Adventskerzen stehen für die Grundelemente der Materie, mit jeder Kerze ist die Erkenntnis der Bedeutung eines Elements verbunden, und brennen alle vier, haben wir die Materie, das Leben erkannt, und das Licht, das vollkommen erwachte Bewusstsein, das Christuslicht wird im Steinbock in uns geboren. Dann ist Weihnachten, eine geweihte Nacht und ein Grund zum Feiern.

Der Glaube kann Berge versetzen, denn, richten wir all unser Wollen (bei allen Feuerzeichen geht es um den Willen) auf höhere Ziele, können wir unsere Welt aus den Angeln heben. Aus der Verbindung von Himmel und Erde (Winter und Herbst), entstehen Halbgötter wie Herkules, Söhne Gottes wie Jesus.

Erkenntnisse lösen ein starkes Gefühl der Liebe und Freude aus, woran wir sie erkennen. Wir könnten die ganze Welt umarmen und müssten platzen vor Liebe und Freude, würden wir nicht von dieser Fülle weitergeben, beispielsweise in Form von Geschenken und Gebäck (Zucker = Symbol für die Liebe. Ein Übermaß davon oder von irgendetwas anderem zeigt sich an der Leber, dem Organ des

Schützen). Holen wir uns den Himmel auf die Erde, sind wir erst glücklich im Leben, obwohl wir im Schützen immer unterwegs sind, zurück zum verlorenen Paradies, denn im Schützen heißt es: „Der Weg ist das Ziel". Das Ziel selbst erreichen wir im Steinbock.

Der Steinbock

Ans Ziel gelangen

Das Ziel, welches alle Lebewesen anstreben, heißt Selbsterkenntnis. Wenn wir im Steinbock den angestrebten höchsten Punkt unserer Entwicklung in der Materie erreichen (der Steinbock ist ein Erdzeichen), sind wir der Wahrheit über uns und das Leben, um die wir im Schützen noch gebeten haben, gewachsen. Wir sind erwachsen geworden und somit bereit, die Verantwortung für unser Leben selber zu tragen – so wie das Skelett, das zum Steinbock gehört, unseren Körper trägt –, denn diese Verantwortung bedingt Bewusstsein, sie ist die logische Folge davon.

Was uns unten groß und wichtig dünkte, ist nun winzig und unbedeutend, die Belange des alltäglichen Lebens treten in den Hintergrund. Wir erkennen dank besserer Übersicht das wahre Gesicht der Materie und somit auch unser eigenes. Die Welt und ich sind eins! Was sich in der Materie manifestiert, ist ein stoffliches Abbild dessen, was sich noch unsichtbar in unserem Inneren befindet. Wir selbst sind – und waren dadurch schon immer – Schöpfer unseres Lebens, unseres Schicksals oder Lebensplans, wir haben es nur nicht mehr gewusst.

Dieser Augenblick des erneuten Bewusstwerdens belohnt für alle Mühen und Anstrengungen, die wir unternommen haben, um unsere wahre Identität zu entdecken. In diesem Moment des spirituellen (Wieder-)Erwachens hören wir auf, uns mit der Materie zu identifizieren, weil wir erkennen, wer oder was wir tatsächlich sind, und nehmen sie gleichzeitig vollständig an (der Steinbock ist weiblich).

Um diesen Punkt in unserer Entwicklung zu erreichen, mussten wir hart arbeiten. Wir hatten viele Aufgaben zu lösen und Herausforderungen anzunehmen, Hürden und Hindernisse zu überwinden. Mancher große Stein im Weg hemmte unseren Lauf. Den Anforderungen des Lebens nachzukommen hat einerseits die Wirkung, dass wir daran reifen. Andererseits erlösen wir dadurch die Ursache, die entsprechenden unsichtbaren inneren Widerstände, die sich als Hindernisse im Alltag manifestieren, damit sie sich leichter auflösen lassen. Denn, alles, was von uns unbewusst ist, muss aufgelöst werden.

Das Leben funktioniert nach bestimmten Lebens- oder kosmischen Gesetzen, jede Wirkung muss zwangsläufig laut diesen eine innere Ursache haben.

Wäre es jeweils nicht so hart, an ein Ziel zu gelangen, könnten wir die Belohnung dafür, das nachfolgende Geschenk, nicht schätzen. Wie bei allen Erdzeichen geht es auch im Steinbock um Wertschätzung. Ohne Fleß kein Preis! Was einfach ist, hat keinen Wert, was ohne Mühe erreicht wird, haben wir in unseren Augen nicht verdient, erdient.

Die Zeit des Steinbocks ist karg, die Natur liegt in tiefstem Winterschlaf, und auch die Berge sind steinig und karg über der Baumgrenze. Wir sollen uns besinnen (Weihnachten ist die Zeit der Besinnung), aufs Wesentliche konzentrieren, nämlich auf uns selbst, auf unser Selbst, uns zurückziehen vom hektischen äußeren Leben und einkehren (hinein kehren) in die Einsamkeit.

Wenn unsere Sinne nicht abgelenkt werden, können wir uns leichter konzentrieren. Haben auch alle das gleiche Ziel, muss doch jeder individuell seinen eigenen Weg dorthin finden. Den kann uns niemand abnehmen. Wir können nebeneinander gehen, trotzdem sind wir auf unserem Weg allein. Darum fällt es uns ja so schwer, ihn zu gehen. Im Steinbock sind wir einsam, ein Same, der aufgeht, wenn seine Zeit gekommen ist, um für andere auf irgend eine Weise auf ihrem Weg zum Erwachen zu sorgen, so wie für uns selbst ebenfalls gesorgt wird und wurde. Die Verpflichtung, sich, wenn die Zeit reif ist, wie eine Mutter um jene zu kümmern, die noch schlafen, ist ebenfalls Teil der Steinbock-Lektion.

Ziele zu erreichen braucht Geduld, Zeit spielt dabei keine Rolle – Hauptsache wir bleiben dran. Sind wir nur hartnäckig genug, erreichen wir jedes Ziel. Jedes Hindernis, das uns unterwegs begegnet, bringt uns diesem näher, auch wenn es danach aussieht, als würde es das Erreichen verhindern. Was uns fordert, fördert uns, und es wird garantiert nichts von uns verlangt, was wir nicht schaffen könnten.

Nur: Geduld fällt uns schwer. Wir sind neugierig wie Kinder an Weihnachten und würden unser Geschenk am liebsten gleich auspacken. Aber das ist unmöglich, weil alles seine Zeit braucht, um zu reifen, wie ein Kind während der Schwangerschaft.

Das größte Geschenk von allen aber, das wir schlussendlich erhalten, ist das Geschenk des Bewusstseins, der Selbsterkenntnis, des spirituellen, geistigen Erwachens. Und das braucht natürlich am meisten Zeit und stellt die größte Herausforderung dar.

Die Sonne hat im Steinbock den Auftrag, sich Herausforderungen zu stellen, statt auszuweichen, Hürden sollen genommen nicht umgangen, und auf Hintertürchen verzichtet werden. Unter einer Steinbock-Sonne wird man geboren, um Ausdauer zu erlernen. Es hat in der Vergangenheit daran gefehlt, wie auch an Zielen. Es geht darum, seinen persönlichen Weg zu finden, statt mit der Masse zu schwimmen, und nicht länger den Weg des geringsten Widerstands zu wählen. Kaum ist ein Gipfel erstürmt, wartet schon der nächste – aufgeben gilt nicht!

Das Licht, welches in der Steinbockzeit (23.12. – 20.1.) in völliger Dunkelheit geboren wird, ist die Sonne. Die Wintersonnenwende wird seit Äonen gefeiert, nicht erst seit dem Christentum und der symbolischen Geburt Jesus'. Dieses Fest verleiht der Hoffnung auf eine Wiedergeburt der Natur Ausdruck, welche vom Lauf der Sonne abhängig ist. Deshalb holen wir uns einen Tannenbaum in die Stube, denn grün ist die Hoffnung und der immergrüne Baum ein Symbol für das ewige Leben. Mit der Rückkehr der Sonne feiern wir die Rückkehr des Lebens, nach der Wintersonnenwende werden die Tage spürbar länger.

Eine Geburt bedeutet, dass eine schlafende Seele in die Materie eintritt, um sich weiterzuentwickeln. Jesus symbolisiert dabei die Selbsterkenntnis, das vollkommen erwachte Bewusstsein, das Christuslicht, welches im Steinbock wiedererwacht. Das ist das Ziel, welches die Seele durch alle Leben anstrebt, ohne es zu wissen, denn kaum treten wir in die Materie ein, verlieren wir das Bewusstsein zu Gunsten des freien Willens, damit wir unseren Weg zur Meisterschaft frei und ohne Beeinflussung gehen können.

Der Körper ist mit der Natur verbunden und unterliegt ihrem Kreislauf von Geburt, Leben, Tod und Wiedergeburt, den Gesetzen von Raum und Zeit. Indem wir das akzeptieren, werden wir frei davon, denn der Geist, der wir in Wahrheit sind, folgt seinen eigenen Gesetzen. Wir erreichen dadurch den Wassermann.

 ## Der Wassermann

Zwischen Himmel und Erde hin- und herfliegen

Hoch oben in den Bergen ist der Himmel greifbar nahe. Alles, was uns belastet, behindert und eingeschränkt hat, liegt hinter uns, vor uns nichts als der grenzenlose Himmel, die unendliche Weite des Alls. Wir fühlen uns frei und leicht, so leicht, dass wir unsere geistigen Flügel ausbreiten und los fliegen. Den Körper lassen wir währenddessen auf dem Berg zurück, bis wir zurückkehren aus luftiger Höhe.

Das Fliegen hat die Menschen schon immer fasziniert. Von der Natur inspiriert, gelingt es uns mittlerweile auch physisch von der Erde mit Flugzeugen, Raketen usw. abzuheben. Vögel und Insekten dienen dabei als Inspirationsquelle für die Weiterentwicklung der Technik.

Was dem Geist einfällt, das kann im Leben Gestalt annehmen – der Löwe steht dem Wassermann gegenüber –, und dabei ist alles machbar und möglich, was unser Denken für möglich hält. Wo die Grenzen des Denkens sind, enden die Möglichkeiten der Schöpferkraft, wo keine Ideen sind, ist keine Kreativität.

Ein typisches Symbol für den Wassermann ist der Pegasus, ein geflügeltes Pferd, dessen Körper die Materie symbolisiert und die Flügel den Geist. Wie ein Engel, ein Wesen aus Licht, fliegt der Pegasus zwischen Himmel und Erde hin und her und trägt Ideen und Einfälle von seinem Himmelsritt zur Erde herab.

Und Engel sind wir tatsächlich, reiner Geist, Lichtwesen, weder männlich noch weiblich, sondern beides in einem, androgyn, da wir seit dem Steinbock die Polarität der Materie integriert und überwunden haben. Unser Bewusstsein ist nun auf der Ebene des Geistes, hier existiert weder Raum noch Zeit. Der Wassermann ist ein Luftzeichen, es geht um Schwingungen, und Schwingung ist neutral.

Durch Neutralität entsteht die viel gepriesene und schwer zu erreichende Toleranz. Wenn wir im alltäglichen Leben nicht mehr polarisieren, beurteilen, was wir sehen, wenn uns alles, was uns begegnet, gleich–gültig ist. Kurz gesagt: Mit einer unpersönlichen Sicht des Lebens aus der Vogelperspektive fällt es leichter, tolerant zu sein. Dann fühlen wir uns erst wirklich frei, da wahre Freiheit eine Freiheit im Geist ist, nicht eine Freiheit des Körpers.

Nichts kann so sehr einengen, wie das eigene Denken, wenn es schubladisiert und urteilt. Das erkennen wir oft erst, wenn der Körper irgendwie gefangen ist. Deshalb sollte der Geist stets offen bleiben für Neues, was ihn am polarisieren hindert. Natürlich fürchten wir uns vor Veränderungen, was zur ebenfalls viel gepriesenen Sturheit des Wassermanns führen kann, zu Fixiertheit auf bestimmtes Gedankengut und Festhalten am gleichen, weil vertrautem Denken, um die persönliche Welt zu erhalten wie sie ist. Dabei ist der Wassermann fix, damit wir an unserer geistigen Freiheit festhalten können.

Der Geist fliegt höher als jeder Vogel und schneller als das Licht. Er verbindet sich blitzschnell mit jeder Schwingung, mit erwünschter ebenso wie mit unerwünschter. Deshalb muss man ihm die Richtung weisen, ihn zügeln und zähmen, auch ein Pegasus braucht Lenkung. Der Wassermann ist männlich, der Geist soll aktiv werden, er braucht Auslauf. Und obwohl es weder gut noch böse gibt, kann die Kraft des Geistes zerstörerisch sein, häufig aus lauter Langeweile und Unterforderung. Wir befinden uns im Wassermann auf einer hoch wirksamen Ebene, das dürfen wir nicht vergessen.

Unsere Sichtweise muss sich im Wassermann für die weitere Entwicklung um 180 Grad verändern, und das verlangt eine Revolution im Geist, ein völliges Umdenken, eine der zentralen Aufgaben der Sonne im Wassermann. Denn erst wenn wir uns geistig auf den Kopf stellen, können wir die Ketten unserer Vorstellungskraft sprengen und den Weg zum Himmel erkennen, welcher nicht außerhalb von uns ist, sondern innen. Der ganze Entwicklungsweg ist ein Weg nach innen, von dort kommen wir und dorthin kehren wir zurück. Auf der inneren Ebene ist unsere Heimat, unser Ursprung.

Entwicklung bedeutet aber auch ständige Erweiterung. Um der Tendenz zur Fixiertheit im Denken entgegen zu wirken, welche jede Erweiterung einschränkt, sind manchmal Explosionen im wahrsten Sinne des Wortes – vor allem jedoch geistiger Natur – nötig, die uns gewaltsam, überraschend und plötzlich aus den geistigen Mauern befreien und zum Umdenken zwingen. Unser Denken muss allzeit bereit sein, sich von allem Möglichen und Unmöglichen inspirieren zu lassen. Auch das ist ein Thema, mit dem sich die Wassermann-Sonne zu befassen hat. Sie ist ganz speziell aufgefordert, sich geistig zu öffnen und auf immer neue Schwingungen einzulassen, sich immer wieder von neuem begeistern zu lassen.

Der Wassermann herrscht über die Zeit der Schneeschmelze (20.1.-18.2.). Diese überfällt die gefrorene Erde im Winter aus den Bergen herab und verändert stürmisch das Gesicht der Welt. Sie sprengt die starre Schneedecke, so wie starres, fixes und verstaubtes Denken von Ideen aufgebrochen und neu belebt wird, Ideen, die wie das Schmelzwasser ihre Quelle scheinbar „im Himmel" haben. Die Natur braucht dieses Wasser, um im Frühling auferstehen zu können. Und wir brauchen das geistige Wasser des Wassermanns, um in den Fischen auferstehen zu können. Wo dieses Wasser einfließt, in Form von Inspirationen und Ideen, macht es das Leben lebendig und abwechslungsreich, es elektrisiert, sorgt für Spannung und macht oft nervös, die Nerven werden dem Wassermann zugeordnet.

Inspiration hängt nicht von bestimmten Formen oder Menschen ab. Wollen wir inspiriert werden, brauchen wir uns nur auf Menschen einzulassen, denn Körper dienen als Gefäße, durch welche der Geist auf die Erde einwirkt. Wenn Menschen sprechen, spricht der Geist, geistig sind wir alle miteinander verbunden, ebenso wie auf der nächsten Ebene, der Seelenebene in den Fischen.

Sobald der Geist ungehindert durch uns hindurch fließen und wirken kann, ist als nächstes die Seele dran, sich in den Fischen aufzulösen und heimzukehren.

Die Fische

Wie ein Fisch im Wasser

Während wir im Wassermann noch als Engel zwischen Himmel und Erde hin und her flogen, erreichen wir in den Fischen das Himmelsmeer, Heimat und Ursprung der Seele. Wir schwimmen hier regelrecht in den Gefühlen und fühlen uns dabei wie der berühmte Fisch im Wasser, sofern diese Gefühle nicht verurteilt werden. Wasser trägt, wenn wir uns nicht wehren – bekanntlich gehen Ertrinkende oft erst während der Rettung unter –, das ist das Thema der Fische, dem letzten der Wasserzeichen, die bedingungslose Hingabe ans Fühlen.

Auf der Seelenebene sind wir miteinander verbunden, wir nehmen Gefühle intuitiv (instinktiv) wahr, die eigenen wie auch die der anderen, was oft verwirrt, da sie kaum zu unterscheiden sind. Doch um Unterscheidung geht es nicht, sondern darum, alle Gefühle fließen zu lassen, egal woher sie kommen, sie wahrzunehmen, ohne sich damit zu identifizieren, da das den Fluss unterbrechen würde.

Es ist keine Frage, ob wir hellsichtig sind oder nicht, auf dieser Ebene sind wir es, denn Hellsichtigkeit ist nichts anderes als Mitgefühl. Wir können uns mittlerweile blitzschnell und mühelos auf alles einfühlen, das haben wir im Wassermann gelernt, und fühlen wir uns ohnmächtig, kann es leicht geschehen, dass wir – ohne es zu wissen – versuchen, ungefragt in andere hineinzusehen, indem wir ihre Beweggründe suchen und ihre Gefühle hinterfragen.

Dabei liegt die Wahrheit in uns. Schauen wir in uns hinein, erkennen wir dort uns und alle anderen viel klarer, da nichts Äußeres unsere Wahrnehmung täuscht. Benützen wir die Hellsicht nicht zur Selbsterkenntnis, ist sie ein Machtmissbrauch, der für andere zwar lästig ist, aber für den, der missbraucht, schädlich. Wir befinden uns schließlich auch in den Fischen auf einer energetisch hochwirksamen Ebene.

Menschen mit Fische-Betonung im Horoskop wird nachgesagt, dass sie sich gern verstecken und verstellen, sich nicht in die Karten schauen lassen wollen. Jetzt ist nachvollziehbar, warum. Wenn jeder jederzeit in jeden ungehindert hineinschauen kann, hilft nur noch, schnell weg zu schwimmen, zu flüchten und sich zu verstecken.

Mitfühlen ist jedoch nötig, denn gerade darin liegt der Schlüssel zu unserer Heilung, was bedeutet „ganz" zu werden. Sich den Gefühlen bedingungslos hinzugeben, die wie kristallklares Wasser einer unsichtbaren Quelle im Inneren entspringen, heilt uns, weil davon zu kosten bedeutet, eins zu werden mit allen

Seelen. Die uralte krankmachende Illusion des Alleinseins endet, Gefühle von Einsamkeit und Isolation verschwinden.

Gefühle sind neutral, weder gut noch schlecht. Die notwendige Neutralität haben wir uns im Wassermann erarbeitet, nicht zuletzt, um in den Fischen einem ganzen Ozean von Gefühl begegnen zu können, ohne darin unterzugehen.

Durchlässig werden wie ein Sieb müssen wir, aufnahmefähig wie ein Schwamm sind wir bereits. Würden wir immer noch beurteilen und bewerten, also polarisieren, was wir fühlen, müssten wir auch weiterhin leiden und wären krank, denn wir leiden ja nicht am Leben, sondern am eigenen Widerstand, an zu wenig Durchlässigkeit, an mangelnder Hingabe.

Betrachten wir all das Leid in der Welt, all die traurigen und verzweifelten Seelen, erwacht in uns der Helferinstinkt und dessen Traum von einer heilen, friedlichen Welt. Nur: Die Welt kann und braucht nicht geheilt zu werden, weil Materie von Natur aus polar und somit un-heil ist. Es ist der Mensch, der zwecks Heilung der Seele hier in der Materie geboren wird. Mitleid – und auch Selbstmitleid – sind keine Hilfe, sondern Leidvermehrer.

Unsere Welt wird dagegen umso heiler, je heiler wir selber sind. Der Helferinstinkt macht uns zu sozialen Wesen. Nicht mehr nur an uns selbst zu denken, macht, dass wir über uns hinauswachsen, über Instinkte, die lediglich darauf abzielen, nur das eigene Leben zu retten. Das Interesse am Gemeinwohl führt uns automatisch zur Quelle der unpersönlichen, spirituellen Liebe, zur Heilenergie, welche wir in einer heilen Welt nicht finden könnten.

Auch Drogen und Alkohol bringen uns scheinbar dorthin, aber genau betrachtet dienen sie der Flucht. Es geht darum, seelischen Schmerz, wie auch physischen, aufgrund unbewusster Widerstände, zu betäuben. Aber Schmerz ist ein Warnsignal, eine dringende Bitte um Behebung eines Problems. Solche Signale zu übergehen, birgt die Gefahr von körperlicher Schädigung oder gar Tod. Die Schuld, die Süchtige unbewusst empfinden, besteht darin, sich endlich um Körper und Leben zu kümmern. Die Vernachlässigung beginnt ja nicht erst mit der Sucht, sondern wird durch sie sichtbar.

Die Fische-Sonne muss durchlässig werden und mitfühlen, sich vom Ozean der Gefühle tragen lassen und darin herumtollen wie ein Delphin. Delphine sind bekannt für ihren ausgeprägten sechsten Sinn, unter dem sie nicht leiden, weil sie ihre Wahrnehmungen nicht beurteilen, und für ihre Hilfsbereitschaft. Sie muss lernen, über den Gefühlen zu stehen, sie weder zu unterdrücken, zu missachten, noch daraus eine Katastrophe zu machen; und Ertrinkenden die Hand zu reichen, ohne selbst ins Wasser zu springen und ohne zu entmündigen.

Hilfsbereitschaft ist wichtig, die Motivation spielt dabei eine zentrale Rolle. Wer hilft, um geliebt zu werden und gut dazustehen, wird ausgenützt und von Bedürftigen aufgefressen, weil sein eigenes Bedürfnis nach Liebe und Zuwendung ihn auffrisst. Ihre Sehnsucht findet Erfüllung in der völligen Hingabe an das, was sie fühlt, im Mitgefühl, im Trösten, wo jemand traurig ist, im Freuen, wenn Freude herrscht; darin, sich anderen bei Bedarf einfach voll und ganz zuzuwenden, jedoch nicht im Spenden von Almosen. Das dient der Flucht vor schlechtem Gewissen.

In der Fische-Zeit (19.2. – 20.3.) findet die Auferstehung (den Fischen werden die Füße zugeordnet) oder Wiedergeburt der Sonne statt, sie gewinnt nun täglich an Kraft. Was im Herbst gestorben ist, wird neu geboren, aus dem abgefallenen Laub wächst neues Leben. Das Leben ist unsterblich, es manifestiert sich einfach nur in immer neuen Formen und bleibt doch immer es selbst, das Schöpferische, Gott. Es ist wie Wasser, das sich anpasst, ohne seine Natur zu verlieren, deshalb müssen die Fische beweglich sein.

Auch wir tragen verschiedene „Kleider" im Laufe der Zeit. Doch da Zeit nicht existiert und wir auf der Seelenebene eins sind, bewohnen wir dort alle Körper gleichzeitig. Ein Teil von uns ist diese oder jene Figur, ein Teil von uns ist vielleicht weise, ein Orakel ... – der Fantasie sind keine Grenzen gesetzt! Die Frage ist lediglich, wohin wir unsere Aufmerksamkeit lenken. Im Schlaf und in der Meditation löst sich die Seele vom Körper und bewegt sich auf der inneren Ebene in verschiedenen Dimensionen und Realitäten.

Wir sind auf unserer Reise am Ende der zwölf Zeichen angelangt, welches gleichzeitig der Anfang einer neuen Reise durch die Zeichen ist, mit neuen Eindrücken, Erfahrungen, Herausforderungen. Leben ist ein ewiger Kreislauf und Entwicklung spiralförmig. Auch wenn es nur zwölf Themen sind, zwölf Lebenslehrer, erfahren wir doch nie zwei Mal dasselbe, sondern immer wieder noch etwas Neues.

Kurzfassung der Sternzeichen

Der **Widder** ist unser freier Wille. Sich zu entscheiden und seinem Willen zu folgen, ihn durchzusetzen, sorgt für Energie. Die Sonne im Zeichen Widder muss lernen, zu tun, was sie will und dazu zu stehen, sich damit durchzusetzen. Sie muss in Bewegung kommen und bleiben, um Energie in Form von Körperkraft aufbauen zu können.

Der **Stier** steht für Körper und Leben, also Materie, Substanz, welche durch Materie aufgebaut wird. Die Sonne muss im Stier lernen, den Körper zu schützen und liebevoll zu pflegen, dann fühlt sich das Leben sicher und sie kann es genießen. Leben (Materie) ist zeitlich und räumlich begrenzt, das macht es wertvoll. Grenzen ziehen und verteidigen, macht Menschen wertvoll.

Die **Zwillinge** verbinden die innere und die äußere Welt, die einander gleichen wie Zwillinge, und zwar über die Luft, den Geist. Die Sonne muss dort lernen, dass die Art wie sie denkt und spricht, ihre Wirklichkeit bestimmt. Im Austausch mit anderen lernt sie ihr Denken kennen und verändern, denn Realität ist individuell und wandelbar.

Der **Krebs** steht für die Seele, welche über Gefühle wahrgenommen wird. Die Sonne muss im Krebs lernen, Nähe zuzulassen und Bande zu seinen Nächsten zu knüpfen; denn sie ist darauf angewiesen, dass sie von anderen emotional berührt wird, weil Gefühle und die Seele nur dann fühlbar sind. Durch emotionale Nähe fühlt er sich geborgen und „gestillt".

Der **Löwe** ist die Schöpferkraft, sein Herz hat magische Kräfte, denn wo wir mit dem Herzen dabei sind, erschaffen wir mühelos Umstände, die lebenswert, lust- und freudvoll sind. Die Sonne muss im Löwen lernen, ihrem Herzen zu folgen und sich für das einzusetzen, was ihr am Herzen liegt.

Die **Jungfrau** ist unsere Fähigkeit zu beobachten und zu analysieren, eine Fähigkeit, welche die Ursachen jeder Wirkung findet. Sie misst und vergleicht und findet heraus, was fehlt, krank, versehrt ist. Die Sonne muss in der Jungfrau die Verantwortung für ihre Lebensumstände übernehmen. Nur dann kann sie sie verbessern, korrigieren, in Ordnung bringen.

Die **Waage** dient als Projektionsfläche für das von uns, was unsichtbar ist. Wir brauchen Beziehungen, um das erkennen zu können. Die Sonne muss in der Waage lernen zu teilen, um ganz zu werden, zu geben und zu entwickeln, was sie in ihren Beziehungen haben will. Und sie muss ernen, richtig zu interpretieren, was sie sieht, damit sie sich darin erkennen kann.

Der **Skorpion** ist der Katalysator, der Unbewusstes in Bewusstsein verwandelt. Die Sonne muss im Skorpion allem auf den Grund gehen, muss sich zu- statt abwenden, nahe kommen, um es erkennen und benennen zu können. Was durch Nähe ausgelöst wird, unbewusste Emotionen, wird verwandelt, es wird bewusst. Was bewusst ist, quält nicht, daran leiden wir nicht. Nähe ist Bedingung, damit Liebe entstehen kann.

Der **Schütze** steht für Expansion und Wachstum im Leben, für das Streben nach Erfüllung. Er ist unser Lebenslehrer, der uns erzieht und weiterbildet. Er sorgt dafür, dass wir nach etwas streben, dass wir unseren Willen auf Höheres richten, Größeres, so dass wir mehr Raum zur Entfaltung erlangen. Die Sonne strebt im Schützen nach der Wahrheit, sucht nach dem Sinn. Sie muss lernen sich Gedanken über Gott und die Welt zu machen, über die ganze Schöpfung.

Der **Steinbock** steht für das unermüdliche Streben nach Selbsterkenntnis, das ist sein größtes Ziel. Die Sonne muss im Steinbock lernen, die Verantwortung für ihr Leben zu übernehmen, und Hindernissen nicht auszuweichen, da sie selbst verursacht sind, um daran zu reifen. Je größer die Anstrengung, desto größer ist die Wertschätzung des Erreichten.

Der **Wassermann** steht für die grenzenlose Freiheit des Geistes. Die Sonne erfährt im Wassermann, dass die Freiheit im Leben von der Freiheit im Denken abhängig ist. Sie muss offen für neue Ideen und begeisterungsfähig sein, damit das Denken inspiriert und lebendig bleibt und immer genug Raum zur Entfaltung vorhanden ist.

Die **Fische** stehen für Mitgefühl, Einfühlungsvermögen und Intuition. Die Sonne muss in den Fischen lernen, sich widerstandslos ihrer Wahrnehmung hinzugeben, diese weder zu beurteilen, noch sich damit zu identifizieren. Wenn Gefühle ungehindert fließen, sind sie heilsam.

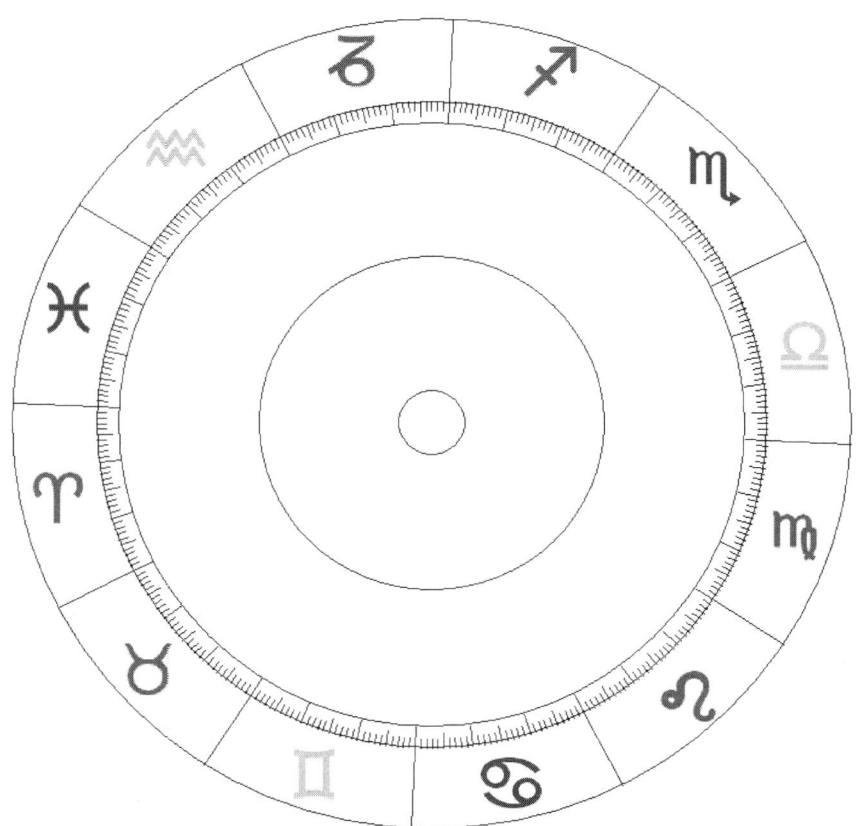

Die Häuser

Analog zu den zwölf Sternzeichen gibt es die zwölf Häuser oder Felder. Jedem Sternzeichen ist ein Haus zugeordnet, obwohl das nicht bedeutet, dass es dort auch steht, denn Zodiak und Felder bewegen sich unabhängig von einander. Mittels Geburtszeit, Längen- und Breitengrad und der Sternzeit wird berechnet, welches Zeichen im Augenblick der Geburt gerade am östlichen Horizont aufgeht – das ist unser Aszendent –, welches im Zenit steht, das Medium Coeli oder die Himmelsmitte, usw. Die Sternzeichen ziehen scheinbar über den Himmel, mit unterschiedlicher Geschwindigkeit, und durchwandern die astronomisch berechneten Felder.

Die Häuser machen das Horoskop individuell. Es müssten zwei Menschen in der gleichen Sekunde am gleichen Ort geboren werden, um ein haargenau gleiches Horoskop zu haben. Das ist nicht einmal bei Zwillingen der Fall. Innerhalb weniger Minuten, ja Sekunden, wechselt unter Umständen der Aszendent – und mit ihm alle Häuser. Beim einen steht ein Planet vielleicht vor einem Achsenpunkt (Aszendent, Mitternachtspunkt, Deszendent oder Himmelsmitte), beim anderen danach. Und gäbe es doch zwei Menschen mit exakt dem selben Radix, so handelt es sich dabei immer noch nur um das Grundmaterial, welches jeder auf seine persönliche Weise entwickelt.

Häuser sind wie eine Bühne, auf der wir unser Lebensspiel inszenieren. Jedes Haus ist ein Lernschritt, den wir absolvieren müssen. Und mit jedem Entwicklungsschritt, mit jedem durchlebten Haus, wächst unser Erfahrungsschatz, den wir in die nächsten Häuser mitnehmen – und die Herausforderung. Es wird immer mehr von uns verlangt, analog zur wachsenden Fähigkeit.

Während wir unsere Lernschritte absolvieren, begegnen wir den verschiedenen Anteilen von uns, welche die Sternzeichen verkörpern. Lassen wir einen Schritt aus, kommen wir auch nicht zu dem entsprechenden Anteil, der darin verborgen liegt.

Die zwölf Häuser oder Lernschritte sind in vier Quadranten unterteilt mit jeweils einem übergeordneten Thema. Jeder Quadrant beinhaltet drei Häuser: Der erste Quadrant, Haus eins bis drei, ist für die Bildung des Egos zuständig, das irdische

Ich, welches uns befähigt, in der Materie zu existieren. Es bildet die Basis für alle weiteren Lernschritte.

Im zweiten Quadranten, Haus vier bis sechs, geht es um das Kollektiv, um die Gemeinschaft, um die seelische Verbundenheit, die uns im Leben verwurzelt. Hier nimmt die Entwicklung unserer Liebesfähigkeit ihren Anfang.

Im dritten Quadranten, Haus sieben bis neun, geht es um das Du, dort lassen wir uns auf Einzelne ein, sie dienen uns als Projektionsflächen, auf die wir unsere unbewussten Anteile projizieren, um sie wahrnehmen zu können.

Im vierten Quadranten, Haus zehn bis zwölf, geht es um das höhere Selbst, um Gott. Dort leben wir nicht mehr nur unser persönliches Leben, sondern stellen unser Leben in den Dienst des übergeordneten Ganzen, in den Dienst allen Lebens.

Im Detail sieht das wie folgt aus:

Der Aszendent und sein 1. Haus

Mich (das Ich) ins Leben (ein)bringen

Am Aszendenten steht das Sternzeichen, welches im Augenblick der Geburt am östlichen Horizont aufgeht. Es ist kein Zufall, wann, wo und wie wir geboren werden, sondern eine Frage unserer Schwingung; ihr entsprechen auch die Schwingung der Zeitqualität und die des Umfelds, in das wir geboren werden.

Am Aszendenten und am ersten Haus können wir erkennen, wie die Geburt verlaufen ist, und den gleichen Ablauf finden wir wieder im Umgang mit dem eigenen Leben, solange wir unserem Schicksal folgen. Denn: Mit dem Eintritt ins Leben nehmen wir zwar „das Kreuz" auf uns, das wir für uns selbst bestimmt haben, jedoch müssen wir ihm nicht ein Leben lang blind (unbewusst) folgen – wir können unser Schicksal jederzeit verändern. Bevor das jedoch möglich ist, müssen wir uns erst einmal darin „schicken". Die zwölf Häuser sind sozusagen die Speichen des Schicksalsrads, an das wir jetzt gebunden werden.

Eine Geburt ist eine ziemlich aktive Sache – das erste Haus ist dem Widder zugeordnet –, wenn wir bedenken, dass wir Umstände, Verlauf und Umfeld selber bestimmen. Die logische Folge davon ist, dass es hier um Selbstbestimmung geht. Aber Selbstbestimmung im Leben ist abhängig davon, ob wir uns trauen, die Zeichen am Aszendenten und im ersten Haus nach außen in die Umwelt zu tragen oder nicht.

Sie müssen ebenso geboren und sichtbar werden wie wir selbst, da sie im Horoskop unser irdisches Ich verkörpern, das Kleid, welches wir in diesem Leben tragen, das Gesicht, das wir der Welt zeigen. Das braucht ähnlich viel Energie und ist ebenso anstrengend.

Verzichten wir darauf, ist nichts mit Selbstbestimmung, wir werden fremdbestimmt, denn sich, das Ich, zurückzunehmen bedeutet, für andere nicht zu existieren – es ist, als wären wir nie geboren worden. Wir werden übergangen und missachtet, man macht mit uns, was man will. Es mangelt uns an Körper- bzw. Ichgefühl, wir können uns selber nicht richtig wahrnehmen, und wir leiden an Energiemangel. Falls wir nicht selber darauf kommen, sorgt früher oder später ein Planetentransit durchs erste Haus dafür, dass wir uns mit diesen Themen hinaus trauen und der Welt stellen. Je selbstverständlicher uns das wird, um so weniger müssen wir darum kämpfen, es fällt uns leicht, uns durchzusetzen, wir „sind jemand", wir sind nicht zu übersehen.

Fremdbestimmung erscheint uns aber einfacher. Wir glauben, das Risiko anzuecken und Wut und Aggressionen auszulösen sei geringer, aber in Wahrheit ist es lebensgefährlich, sich nicht einzubringen, weil Energie nur aufgebaut wird, wenn man sich an anderen reibt, Energie, die wir nach der Geburt zum Überleben, wie auch später im Alltag brauchen.

Die Zeichen im ersten Haus benötigen ebenfalls Energie, sie vertragen Reibung und Reibereien bestens. Schon bei der Geburt kämpfen wir uns durch den Geburtskanal, ohne Schaden zu nehmen. Wir sind speziell dafür ausgestattet (Fontanelle), um Druck und Widerstand mit Flexibilität begegnen zu können.

Reibung erzeugt Wärme, besagt ein physikalisches Gesetz, und Wärme ist Energie. Von Anfang an müssen wir das Ich durchsetzen, misslingt es, sterben wir.

Deshalb ist Durchsetzungskraft so wichtig und das erste Haus die Nummer eins. Erst setzen wir unsere Themen im ersten Haus gegen die Enge des Mutterleibs durch, später gegen andere Menschen, andere Ichs oder Egos mit ihren unterschiedlichen Wünschen und Bedürfnissen. Die Umwelt übernimmt im Alltag freundlicherweise die Aufgabe des Geburtskanals. Voll im Leben zu stehen, damit wir uns gegenseitig aneinander reiben können, ist gewissermaßen ein Liebesdienst.

Themen des ersten Hauses haben mit Wirkung zu tun, mit der Art, wie wir „scheinen", im wahrsten Sinn des Wortes. Sie sind maßgebend für unsere Erscheinung und funktionieren wie eine Art Rammbock für alle anderen Zeichen. Wann immer wir nach außen treten, sei es aus dem Mutterleib oder zur Tür hinaus, wenn wir einen Raum betreten, wird als erstes das Zeichen sichtbar, welches am Aszendenten steht. So wirken wir auf die Umwelt – und so wirkt sie auf uns. Als nächstes sind allfällige weitere Zeichen sichtbar, die sich im ersten Haus befinden. Das Schwergewicht kann bei der Erscheinung auch auf einem der nachfolgenden Zeichen liegen, wenn sich darin Planeten befinden, das sorgt je nach Planetenbeteiligung für eine stärkere Betonung.

Planeten am Aszendenten und im ersten Haus zeigen grundsätzlich, dass es nötig ist, sich ins Leben einzubringen mit dem, was dort steht, es nach außen zu tragen und durchzusetzen. Diese Teile wollen sichtbar werden, wir müssen sie aus der Versenkung holen und gebären, obwohl wir sie lieber unsichtbar ließen. Wir scheuen uns, eine Angriffsfläche zu bieten. Aber egal, was uns dann erwartet, nichts kann auf längere Sicht so unangenehm sein, wie, es nicht zu tun. Planeten im ersten Haus lassen die Ich-Entwicklung zur Herausforderung werden, aber so oder so drängen die Themen des ersten Hauses nach außen.

Transite durchs erste Haus bewegen und verändern uns grundlegend. Wenn sie mit uns fertig sind, haben wir, je nachdem um welchen Planeten es sich handelt, ein völlig verändertes Erscheinungsbild. Das Ich kristallisiert sich immer besser heraus.

2. Haus

Das Ich hat Bedürfnisse

Mit dem Geschenk des Lebens übernehmen wir für die begrenzte Dauer, in der wir es besitzen, die Verpflichtung, gut dafür zu sorgen, damit es wächst und gedeiht. Das sind die Themen des Stiers, dem dieses Haus zugeordnet ist. Ins zweite Haus fallen folglich Zeichen, welche der Pflege bedürfen, die unterversorgt und vernachlässigt sind, und nun aufgepäppelt werden sollen. Sie streben nach einer Wertsteigerung, welche dadurch erreicht wird, dass in sie Materie, Zeit und Energie investiert wird. Wir müssen für sie „bezahlen", das fördert die Wertschätzung. Und je wertvoller diese Themen für uns werden, desto mehr haben wir von ihnen – Aufmerksamkeit und liebevolle Pflege tragen Früchte.

Existenzsicherung steht im zweiten Haus an erster Stelle, wir wollen schließlich das Leben behalten (erhalten). Nur: Der Mensch kann zwar mit Wasser und Brot, mit der Erfüllung rein existenzieller Bedürfnisse, überleben, jedoch reicht das auf Dauer nicht zur Entfaltung. Dazu benötigen wir zusätzlich (materielle) Dinge, die die Sinne erfreuen. Ein asketisches Dasein ohne jegliche Sinnesfreuden mag hilfreich sein, um sich aufs Wesentliche zu konzentrieren, aber lebens- und liebenswert ist das Leben erst, wenn auch die Sinne sich freuen. Grundsätzlich brauchen wir sicher weniger (Materie) zum Glücklichsein als wir denken, doch erst wenn wir beiderlei Sorten von Bedürfnissen erfüllen, fühlen wir uns sicher – nur dann ist das Leben und seine Entfaltung gesichert.

Man könnte meinen, das Gefühl der Sicherheit wächst analog zur Größe des Besitzes, das stimmt aber nicht, vielmehr sinkt die Wertschätzung – Abhängigkeit und Verlustangst nehmen zu.

Trotz allfälliger, durchaus menschlicher und verständlicher Existenzängste sollten wir uns nicht zu Sklaven unseres Besitzes machen. Wenn Erhaltung, Absicherung und Pflege von Besitz Denken und Handeln vollständig ausfüllt, bleibt für andere Themen kein Platz frei. Wir wurden nicht dazu geboren, Besitz zu horten und zu pflegen. Das (unbewusste) Ziel ist immer noch die Entwicklung des Bewusstseins.

So richtig wohl in unserer Haut fühlen wir uns, wenn wir kaufen können, was wir brauchen, wenn auch maßvoll, und immer ein paar materielle Wünsche offen bleiben, wenn mühelos erhaltbar ist, was wir haben. Dann sind die existenziellen Bedürfnisse erfüllt, und wir können uns auf die weitere Entwicklung konzentrieren. Wir sind lebenslänglich abhängig von der Erfüllung dieser Bedürfnisse, das beinhaltet einen gewissen Druck. Entweder werden sie wahrgenommen, oder wir sterben. Solange wir sie beachten und dafür aufkommen, ist das Leben ungefährdet.

Ob wir in Naturalien zahlen oder mit Geld, im zweiten Haus wohnt jedenfalls der Broterwerb. Die Zeichen darin wollen daran beteiligt werden. Was wir verdienen, entspricht dem Wert der geleisteten Arbeit, oder genauer gesagt dem Wert, den wir unserer Arbeit beimessen, auch hier geht es um Wertschätzung. Lohn und Selbstwert hängen zusammen. Wer sich oder seine Arbeit gering schätzt, erhält den entsprechenden Lohn dafür. Je mehr Zeit und Geld wir in uns, zum Beispiel in Form von Ausbildung, investieren, desto wertvoller erscheint uns unsere Arbeit, dementsprechend werden wir entlohnt. Steht der Lohn scheinbar nicht im Verhältnis zum geleisteten Aufwand, bewerten wir uns über bei einem Zuviel (Selbstüberschätzung), oder, viel häufiger, unter bei zu wenig. Was wir mit einer Bitte um Lohnerhöhung durch Einsprache beim Arbeitgeber nicht erreichen, schaffen wir durch eine Erhöhung der Wertschätzung unsererseits, zum Beispiel durch Weiterbildung, Umschulung, mehr Konzentration oder Einsatz bei der Arbeit usw. Sind Selbstwert oder Wertschätzung gestiegen, steigt analog dazu der Lohn.

Auch für die Zeichen, die im zweiten Haus stehen, müssen wir bezahlen. Ihre Themen zeigen unsere existenziellen Bedürfnisse, die wir unbedingt erfüllen müssen, wenn wir uns im Leben sicher fühlen und weiterentwickeln wollen. Diese Themen zu missachten, bedeutet, existenzielle Bedürfnisse zu leugnen und sich dadurch die Existenzgrundlage zu entziehen. In sie investieren wir manchmal Geld, aber häufiger zahlen wir zum Beispiel mit Disziplin, um Selbsterkenntnis zu erlangen, mit Sport, um Energie zu erhalten, mit dem Mut zur Nähe, um Geborgenheit oder Vitalität zu bekommen usw. Das steigert den Wert der Zeichen und unsere Fähigkeit anzunehmen, was wir von ihnen erhalten. Es entsteht das Gefühl, das Geschenk, das sie uns geben, verdient zu haben. Wie viel wir bekommen, hängt immer auch davon ab, wie viel wir annehmen und glauben verwalten zu können.

Wertschätzung wird oft durch Mangel gefördert. Manchmal erkennen wir den Wert einer Sache eben besser durch ihr Fehlen. Im zweiten Haus wird uns Wertschätzung beigebracht, nötigenfalls über Mangel und Verlust. Wertschätzung und Dankbarkeit sind lebensnotwendige Basisthemen, auf die wir aus diesem Grund so lange gestoßen werden, bis wir sie entwickeln, bis wir in sie investieren.

Im zweiten Haus finden wir also die nötigen materiellen Mittel, um uns „kaufen" zu können, was wir brauchen. Da wir mit den dort gen Zeichen unsere Existenz sichern, sind sie überaus wertvoll, sie verdienen Schutz und Pflege. Wir haben uns extra im ersten Haus Durchsetzungskraft angeeignet, damit wir sie zur Not verteidigen können. Was hier steht, braucht aber nicht nur Schutz und Grenzen gegen außen, sondern auch gegen uns. Wir treiben manchmal Raubbau oder lassen sie links liegen.

Das zweite Haus ist wie ein Garten, in welchem wir Gemüse, Kartoffeln und Salat pflanzen (die darin befindlichen Zeichen), aus denen wir Ballast- und Mineralstoffe gewinnen. Was wir investieren, können wir nachher ernten, mit Zinsen. Im zweiten Haus ist das Baumaterial, die Substanz fürs Leben, womit wir alle nachfolgenden Themen, die restlichen zehn Häuser entwickeln können.

3. Haus

Das Ich und sein Umgang

Auch im dritten Haus haben wir Bedürfnisse, aber nicht nach materieller, sondern geistiger Nahrung. Unser Wissensdurst braucht den Austausch mit anderen, weshalb wir uns ihnen nun zuwenden und Kontakte knüpfen. Das dritte Haus ist den Zwillingen zugeordnet und wie alle Lufthäuser ein Haus der Begegnung.

Luft, respektive der Geist, kennt keine Grenzen, drum gehört uns nie allein, was hier steht, es ist Allgemeingut, das mit anderen geteilt, mitgeteilt werden soll. Und da sich die darin enthaltenen Anteile vor allem auch bei uns Gehör verschaffen wollen, ist es sowieso am besten, darüber zu kommunizieren. Auf diese Weise steuern wir unseren Beitrag ans kollektive Wissen bei und stillen den eigenen Wissensdurst, denn, egal wer spricht, wir selbst oder andere, wir profitieren in jedem Fall davon.

Das dritte Haus ist das letzte des ersten Quadranten, in welchem es um existenzielle Themen geht. Der Austausch mit anderen ist folglich ein weiteres Bedürfnis, das nicht übergangen werden darf. Es nimmt in unserem Leben eine so wichtige Position ein, dass wir schon früh im Leben damit konfrontiert werden. Was bereits in Sandkasten und Kindergarten beginnt, setzt sich mit dem Eintritt in die Schule fort, die Schulpflicht sorgt dafür, dass wir diesem Thema nicht ausweichen können.

Schul-/Bildung ist die Bedingung, um einen Beruf zu erlernen, mit dem wir die materiellen Bedürfnisse des zweiten Hauses erfüllen können, aber wir lernen in der Schule mehr als das von Lehrern und Büchern vermittelte Wissen. Wer an seine Schulzeit denkt, erinnert sich sicher, dass das Schwierigste daran der zwischenmenschliche Umgang war. Aber, was macht Begegnungen mit anderen Menschen so schwierig? Wir kennen sie nicht und haben keine Ahnung, wie sie auf uns reagieren. Sind wir für sie in Ordnung oder nicht? Finden sie uns sympathisch oder unsympathisch? Wie müssen wir uns verhalten, um akzeptiert zu werden?

Solche und ähnliche Fragen quälen uns, und wollen wir darauf eine Antwort, müssen wir uns auf die Leute einlassen. Bei jeder ersten Begegnung stehen wir vor den gleichen Fragen, und da wir uns selbst im Laufe des Lebens auch verändern, sind wir immer wieder von neuem unsicher, ob wir so, wie wir sind, akzeptabel sind. Wir suchen immer wieder Bestätigung, und die Reaktionen der anderen helfen uns, uns zu orientieren und zu identifizieren. Das Schlimmste, was uns passieren könnte, ist, nicht angenommen zu werden, nicht in Ordnung zu sein und dadurch vom Kollektiv, zu welchem dieses Haus führt, abgelehnt zu werden. Dazugehören ist lebenswichtig.

Das dritte Haus und seine Themen bilden den Übergang vom ersten in den zweiten Quadranten, wo uns die Gemeinschaft aufnimmt. Wer keinen Umgang und Austausch pflegt, leidet nicht nur (Wissens-) Durst, sondern gehört nicht dazu, er ist von der schützenden, Geborgenheit spenden Gemeinschaft ausgeschlossen, was in vielen Naturvölkern mit einer Todesstrafe vergleichbar war.

Die Schuljahre prägten unsere Denkweise und beeinflussten die Einstellung zum Leben. Das bewirken Kontakte auch als Erwachsene immer noch. Wir beeinflussen einander im Denken, obwohl wir als Erwachsene nicht mehr in dem Maße offen und aufnahmefähig sind wie als Kind. Dabei will der Geist nicht nur in jungen Jahren wachsen, im dritten Haus sind wir ein Leben lang Lernende, auch wenn wir später im Umgang vorsichtiger sind und uns nicht mehr auf alles und jedes einlassen. Aber, wenn unser Bewusstsein wachsen soll, müssen wir uns trotzdem immer auf andere Menschen einlassen, Kontakte knüpfen, Beziehungen eingehen.

Fragen ist auch im dritten Haus der Schlüssel zu den Menschen und zum Wissen. Oft trauen wir uns nicht zu fragen, weil andere denken könnten, wir seien dumm, wenn wir etwas nicht wissen. In Wirklichkeit heißt Intelligenz nicht, alles zu wissen, – was unmöglich ist, weil Wissen ständig wächst – sie ist eine Frage der Offenheit, der Bereitschaft, sich geistig auf Themen und Menschen einzulassen. Wache, neugierige Menschen sind intelligente Menschen, dass sich auch das Wissen in ihnen vermehrt, ist nur die logische Folge davon. Und Intelligenz ist natürlich eine Frage des Interesses. Für das, was uns interessiert, sind wir immer offen und haben keine Mühe, uns geistig einzulassen, dort mangelt es uns natürlich nie an Konzentration. Die Kunst besteht im Zwillinge-Haus darin, sich für möglichst vieles zu interessieren, geistig offen zu sein und zu bleiben, das schult den Intellekt am besten.

Kontakte sind für die Bewusstseinsentwicklung so lebenswichtig wie die Luft zum Atmen. Wir brauchen einander als Projektionsfläche, denn, am Umgang, an der Art, wie die Leute, mit denen wir uns umgeben, denken und reden, erkennen wir unsere eigene Art des Denkens, wie unser Geist funktioniert. Was und wie wir denken, über uns, andere und die Welt, trennt oder verbindet uns von und mit anderen. Es bestimmt, ob wir uns aus uns heraus trauen und uns der Welt nähern, ob wir uns auf andere Lebewesen einlassen oder nicht. Darin, wie sie auf uns reagieren, können wir unsere eigene Schwingung erkennen, sie wird von ihnen zurückgeworfen wie die Bilder von einem Projektor. Wollen wir etwas über uns erfahren, brauchen wir uns nur einzulassen und ihre Reaktionen zu betrachten.

Wo ein Geist auf einen anderen trifft und sie sich mit einander austauschen, inspirieren sie einander. Die Unsicherheit, was andere wohl von uns denken oder halten könnten, gehört zur Grundausstattung des Menschen, sie zwingt uns regelrecht zum Austausch. Solche Fragen können nur durch direkten Kontakt mit anderen beantwortet werden. Solange wir dazu bereit sind, geschieht alles Weitere von selbst. Wir bringen unsere Themen des dritten Hauses automatisch ein. Und was wir aussenden, kehrt zu uns zurück, und für uns ist es auch bestimmt. Was davon trifft, betrifft. Kontakte knüpfen ist mehr als nur ein Aneinanderreiben wie im ersten Haus. Kontakte sind verbindlich, wir wenden uns anderen zu und verbinden uns mit ihnen. So findet das Ich den Weg zum Wir, und der Geist bildet die Brücke zwischen den einzelnen Ichs, über die man einander findet. Kommunikation und Austausch machen aus Einzelnen eine Gemeinschaft.

Das Immum Coeli und sein 4. Haus

Im Leben Wurzeln schlagen

Im dritten Haus haben wir Kontakte geknüpft, daraus entstehen im vierten Haus mit der Zeit seelische Bindungen. Wir bauen ein ganzes Wurzelwerk auf an emotionalen Verstrickungen, und die sorgen für den nötigen Untergrund, für die Wurzeln, durch die wir zum Licht wachsen können. Ohne Bindungen an andere Menschen würden wir seelisch verkümmern, verdorren. Deshalb ist der Drang nach Gemeinschaft, nach Zugehörigkeit und Zuwendung so groß. Es ist ein Instinkt, der dafür sorgt, dass wir unter allen Umständen die Nähe anderer suchen, auch wenn wir uns naturgemäß davor fürchten.

Der zweite Quadrant beginnt am Immum Coeli, dem Kollektiv- oder Mitternachtspunkt, der Spitze des vierten Hauses, das dem Krebs zugeordnet ist. Hier steht das Zeichen, welches zum Zeitpunkt der Geburt tief im Süden stand. Süden wird assoziiert mit Gefühlen und Emotionen, im Gegensatz zum Norden, dem Medium Coeli gegenüber, wo Klarheit und Kargheit herrschen.

Der ganze zweite Quadrant ist dem Kollektiv gewidmet, wo wir zwischenmenschliche Erfahrung machen, wo wir zu einer Familie gehören, einem Volk, einer Nation, zu einer Gesellschaft ähnlich denkender Menschen mit der gleichen Mentalität. Dort, wo wir wohnen und leben, wo wir im Leben daheim sind, herrscht die Schwingungsfrequenz, die uns entspricht. Wie Ameisen nur von ihrem Stamm angenommen werden, können auch wir nur dort aufgenommen werden. Das bedeutet: Die Schwingung, die im dritten Haus von uns ausgeht, sorgt im vierten

Haus für die passende Gemeinschaft, und bestimmt zudem, welche Erfahrungen wir mit diesen Menschen machen.

Wohn-, Lebens-, und Dorfgemeinschaften bildete der Mensch schon immer, allein schon um mehr Schutz und Sicherheit zu haben. Aber das ist nicht der einzige Grund. Das größte Kollektiv ist die Seele. Auf der Seelenebene, im Unterbewusstsein, sind wir alle miteinander verbunden, deshalb reagieren wir emotional auf einander (Wasser bewegt Wasser). Je mehr wir uns an jemanden gewöhnen, je länger wir zum Beispiel mit ihm zusammen leben oder verkehren, desto näher steht er uns. Ganz Nahestehende lösen starke emotionelle Reaktionen aus, wodurch uns erst bewusst werden kann, was wir fühlen, was alles in uns verborgen ist. Tritt dieses Verborgene zutage, entsteht daraus Geborgenheit.

Am nächsten sind uns natürlich Familienangehörige der Herkunftsfamilie, Eltern und Geschwister, weil es normalerweise die ältesten und nächsten Beziehungen sind.

Um die Gefühlswelt entwickeln zu können, sind wir voneinander abhängig. Gefühle müssen fließen können, sie brauchen wie Wasser einen Zu- und Abfluss. Diesen Fluss erreichen wir durch die Nähe zu anderen. Nähe bedeutet Hingabe, immer wenn wir uns hingeben, also wenn wir einander nahe kommen, findet Regeneration statt, was nichts anderes bedeutet als ein Wasseraustausch. Der sorgt dafür, dass das Wasser (die Gefühle) in uns immer frisch ist. Am ehesten wird das verständlich anhand des Schlafs. Im Schlaf begeben wir uns auf die Seelenebene, wo wir anderen Seelenanteilen nahe kommen. Die Tiefe der Hingabe bestimmt über die Stärke des Regenerationseffektes, und diese über die Lebensdauer. Also: Je größer die Nähe, um so stärker der Effekt.

Es gibt ab und zu auch etwas, was uns den Schlaf raubt, die Hingabe stört, so dass wir morgens wie gerädert sind, weil wir zwar entspannen konnten, aber nicht richtig regenerieren. Mitternacht ist Geisterstunde. Die Gespenster, die uns des Nachts manchmal den Schlaf rauben, sind unsere eigenen unerlösten Gefühle, die ins Bewusstsein drängen. Sie peinigen uns so lange, bis wir sie bemerken. Es handelt sich dabei um die Zeichen in unserem vierten Haus.

Sie sind uns unbewusst und machen auf sich aufmerksam, wenn auch nicht nur nachts. Dann fallen sie uns aber eher auf. Die Themen dieser Zeichen sind uns fremd, und was fremd ist, macht Angst. Wir brauchen die Nähe anderer, um an diese Themen heranzukommen. Wir müssen uns in Gruppen begeben, seelische Verbindungen eingehen, Nähe zulassen, dann tauchen sie auf und können bewusst werden. Die Nähe zu anderen verwandelt sie, folglich verwandelt Nähe eigentlich uns.

Alle Wasserhäuser sind Transformations- und Regenerationshäuser, und in allen diesen Häusern geht es um Macht, denn was unsichtbar, unbewusst ist, hat Macht über uns. Wenn bisher nichts uns dazu bringen konnte, Nähe zu suchen, dann doch hoffentlich dieser Aspekt. Unbewusste Anteile, also unbewusste Zeichen in den Wasserhäusern, beeinflussen uns, wir sind ihnen ausgeliefert wie besagten Gespenstern. Erlösung erlangen wir dadurch, dass wir uns anderen nähern, der Rest geschieht von selbst, Gefühle fließen automatisch und was fließt, ist erlöst, aufgelöst, bewusst.

Einen ähnlichen Effekt erreichen wir, wenn wir in den Keller steigen, auch das löst Gefühle aus, da der Keller das Symbol für das Unterbewusstsein ist. Dort können wir ebenfalls auf diese Themen treffen. Und wenn wir gar im Keller meditieren oder schlafen, begegnen wir ihnen garantiert.

Die Zeichen im vierten Haus geben ebenso Auskunft über die subjektive Wahrnehmung unserer Kindheit, was für persönliche Erfahrungen wir „zu Hause" gemacht haben. Diese Erfahrungen decken sich kaum mit denen von Geschwistern und Eltern, weil Realität, wie wir nach dem dritten Haus wissen, subjektiv ist.

Wir brauchen einander, um unsere Gefühlswelt entwickeln zu können. Wir sind von gegenseitiger Zuwendung und Liebe abhängig, aber nicht von einer bestimmten Person. Die Gefühle, die bewegt werden, sind in uns. Auch wenn eine Person wegfällt, mit der wir verstrickt und verwurzelt sind, treten andere an ihre Stelle, weil wir einander ja als Projektionsflächen dienen. Und da es Milliarden von Menschen auf der Welt gibt, gehen die uns niemals aus. Nun sind wir regeneriert, erfrischt, und im fünften Haus zu allen Schandtaten bereit.

5. Haus

Persönlichkeit entwickeln

Sich emotional an etwas zu binden, lässt Liebe entstehen, wir hängen daran und setzen uns deshalb dafür ein. Das garantiert, dass wir den nächsten Schritt unserer Entwicklung in Angriff nehmen, wofür wir dadurch bestens ausgerüstet sind, und mit allem anderen, was wir bisher erfahren haben.

Leben ist etwas sehr Persönliches, niemand kann uns sagen, wie wir unseres zu leben, oder uns vorschreiben, was wir zu tun haben. Unser freier Wille ist die höchste Instanz, die Autorität, die entscheidet, wie sich unser Leben gestaltet. Wir befinden uns noch immer im zweiten Quadranten, wo wir unbewusst sind. Das Ich herrscht über das persönliche Leben, und dieses Ich ist der Wille. Jedoch, wenn wir nicht wissen, was wir tun, können wir tun, was wir wollen. Der freie Wille herrscht, solange wir unbewusst sind. Da uns aus diesem Grund niemand zwingen kann, uns aufs Spiel des Lebens einzulassen, haben wir uns instinktiv vorsorglich im vierten Haus gebunden (ans Leben, an Menschen, Träume etc.). Gibt es nichts, was uns lieb und wichtig ist, hält uns auch nichts im und am Leben. Wir brauchen einen motivierenden Grund, etwas, das stark genug ist, unseren (Lebens-) Willen zu wecken.

Tun wir, was wir wollen, ist auch unser Herz dabei, denn der Wille wohnt im Herzen, dann kann es nicht anders als wachsen und sich entfalten. Solange wir unserem Willen folgen, erschaffen wir uns automatisch unser persönliches Paradies. Sollten wir ihm nicht folgen wollen, geschieht auch das freiwillig, denn wir würden niemals etwas gegen unseren Willen tun. Nur braucht es eben mehr Mut, sich hinzustellen und einzusetzen für das, was uns wichtig ist und am Herzen liegt – wir riskieren Ablehnung vom Kollektiv und Liebesverlust. Es trotzdem zu wagen, macht uns stark. Wir zeigen dadurch Größe, den Mut unseres Herzens, entwickeln dadurch Persönlichkeit. Wir sind jemand, stellen etwas dar, und werden vom Leben oder der Liebe sicher nicht übergangen.

Nur wenn wir ganz bei der Sache sind, kann aus ihr etwas werden. Wie Kinder sind wir ausschließlich dann bei der Sache, wenn uns Freude macht, was wir tun. Kinder lernen und arbeiten gern, solange es spielerisch geschieht, das geht Erwachsenen gleich. Sich ganz einbringen zu können, ist demnach eine Frage der

Wahl: Wir müssen uns für das entscheiden, was wir wollen und wozu wir stehen können, sonst sind wir nur halbherzig dabei und investieren nicht genug Energie. Der Schlüssel zu Spaß und Freude im Leben ist das Herz, beziehungsweise der Wille.

Manchmal wissen wir gar nicht, was wir wollen, aber wir können ungeniert Verschiedenes ausprobieren. Manchmal muss man das Falsche tun, um das Richtige zu finden, um das herausfiltern zu können, worin wir ganz aufgehen. Wie Schauspieler schlüpfen wir am besten in verschiedene Rollen, leben unterschiedliche Facetten des Lebens, und durch die gemachten Erfahrungen entwickeln sich Wünsche. Da niemand über uns steht und wir selbst bestimmen, können wir Rollen und Theaterstücke so oft wechseln wie wir wollen, Hauptsache wir haben unsere Freude daran.

Es ist eine Frage der Selbstachtung, darauf zu achten, dass wir das tun, was uns wichtig ist – und nicht das, was anderen gefällt, oder wovon wir denken, dass es ihnen gefällt; weil wir es nicht wirklich wissen können. Liebe allein ist kreativ, nur sie ist stark genug, Leben zu erschaffen. Soviel Liebe wie möglich sollten wir dem Leben schenken, und allem, was wir darin zeitlebens tun.

Kinder und Haustiere werden astrologisch dem fünften Haus, dem Löwe-Haus, zugeordnet, denn unseren Kindern und Tieren sind wir sehr verbunden. Wir investieren viel Liebe und Energie in sie, wodurch sie sich entwickeln können und die Kraft in unserem Herzen ebenfalls. Im fünften Haus müssen wir uns wie der Löwe, der diesem Haus zugeordnet wird, für das einsetzen, was uns lieb und wichtig ist, nur so können wir (er-)wachsen (werden). Der Löwe setzt sein Leben für sein Rudel ein, für seine Weibchen und ihren Nachwuchs. Er herrscht über das Rudel, beschützt es und sorgt auf diese Weise dafür, dass es wächst. Folglich müssen auch wir uns für das einsetzen, was im fünften Haus steht, für die Themen der Zeichen. Sie sind unser Rudel und sollen uns am Herzen liegen, zu ihnen müssen wir stehen und uns mit diesen und für diese Themen durchsetzen.

Durchsetzung ist nämlich nicht nur im ersten Haus verlangt, sondern in allen Feuerhäusern. Dank unserer Aufmerksamkeit und Obhut können sie gedeihen; und deshalb stehen sie dort, denn was in den Feuerhäusern steht, will wachsen und sich entfalten, dort investieren wir Energie in Form von Aufmerksamkeit und

Beachtung, Einsatz von Willenskraft. Man könnte auch sagen: Wann immer wir uns für etwas einsetzen, was uns wichtig ist, begegnen wir unseren Zeichen im fünften Haus. Wir erringen sie auf diese Weise, kriegen sie als Belohnung für unseren großen Einsatz.

Das Leben ist Lehm in den Händen unseres Willens. Er wählt das Stück, die Rollen und bestimmt die Kulissen, vor denen das Spiel läuft. Er sucht die passenden Mitspieler und weist ihnen die Plätze zu. Ihr Wille wiederum bestimmt, ob er damit einverstanden ist oder nicht. Tun wir, was wir von ganzem Herzen wollen, haben alle etwas davon, denn soviel Spaß, Liebe und Energie wirkt sich auf alle Mitspieler belebend aus.

Die Zeichen im fünften Haus sagen übrigens auch ganz einfach etwas darüber aus, welche Rollen uns liegen würden, und was wir uns insgeheim wünschen, wofür wir uns einsetzen sollten.

Wir sind selbstvergessen ins Spiel vertieft, da ruft uns die Pflicht davon weg, die nächste Stufe der Entwicklung will genommen werden.

6. Haus

Im Krankenhaus

Jede Handlung, jede noch so kleine Entscheidung, ja überhaupt unser ganzes Verhalten wirkt sich auf unser Dasein aus. Im zweiten Haus ging es um die nackte Existenz, um Grundbedürfnisse, im sechsten, dem Haus der Jungfrau, gehen wir einen Schritt weiter. Hier werden wir mit unserer Sterblichkeit als Mensch konfrontiert, und da wir sie nicht akzeptieren können, erforschen wir das Leben, die geheimnisvollen biologischen Zusammenhänge des Körpers. So entdecken wir, dass wir selbst sein optimales Funktionieren regeln müssen (Hygiene, ausreichende Bewegung, richtige Nahrung usw.), was ihn vor Schaden und uns viel Leid erspart. Tun wir es nicht, verkürzen wir sein Leben. Weil es ohne Körper aber keine Entwicklung gibt, liegt es in unserem Interesse, unermüdlich an seiner Gesundheit zu arbeiten, allein schon, um uns das Leben zu erleichtern. Wird der Körper krank, steht er im Mittelpunkt, dann müssen wir ihm erst recht und gezwungenermaßen all unsere Kraft und Aufmerksamkeit widmen. Das lässt sich verhindern, indem wir die Regeln beachten, nach denen Materie funktioniert. Unser Leben liegt in unseren Händen, es wurde in unsere Obhut gegeben, und es liegt ganz bei uns, wie es sich entwickelt. Es hat keinen Zweck, den äußeren Umständen, der Regierung, der Erziehung oder sonst irgendwem die Schuld an den Bedingungen zu geben, in denen wir leben. Wir verursachen sie selbst, sind selber verantwortlich dafür, auch wenn wir das noch nicht wissen, da wir uns immer noch im zweiten, im unbewussten Quadranten befinden. Durch die Konfrontation mit den Auswirkungen oder Konsequenzen unseres Verhaltens wird uns bewusst, was wir tun. Wir werden erwachsen, wachsen und reifen, indem wir uns den Konsequenzen stellen – einer Herausforderung, der wir nur allzu gern durch Medikamente, Drogen und ähnliche Hilfsmittel auszuweichen versuchen.

Medikamente täuschen vor, keinen Konflikt zu haben, aber gelöst wird er dadurch nicht. Nichts kann uns von der Verantwortung für unser Verhalten entbinden. Oft müssen wir bis an die äußersten Grenzen der Belastbarkeit des Körpers gehen und treiben unser Fehlverhalten auf die Spitze, weil wir erst unter Zwang bereit sind, die Verantwortung anzunehmen, und weil wir wie Kinder die Grenzen des Körpers auszuloten versuchen.

Durch Krisen, Krankheiten, Probleme und Konflikte lernen wir langsam den richtigen Umgang mit Materie – was wir tun und was wir unterlassen sollten. Mundane Probleme wie Krieg, Hungersnot und Epidemien dienen ebenfalls der Entwicklung von Bewusstsein. Am meisten lernen wir aus unseren Fehlern – aus Schaden wird man bekanntlich klug (bewusst). Aus Angst vor Strafe, Krankheit, Schmerz und Leid, vor dem Tod, oder auch nur um neue Fehler zu vermeiden, sind wir bereit, unser Verhalten zu verändern. Das ist eine ausreichend starke Motivation und wir haben folglich allen Grund, für Herausforderungen solcher Art dankbar zu sein.

Wir haben den unbewussten Drang, das Leben zu erforschen, in Ordnung zu bringen, was in Unordnung ist, zu flicken und zu heilen, was kaputt ist, zu helfen, wo Not herrscht. Wir wollen wissen, wie das Leben funktioniert – um dem Tod zu entrinnen, nehmen es bis ins kleinste Detail auseinander, erforschen es bis zum Atom und darüber hinaus. Und solange wir die Unsterblichkeit nicht erreicht haben, bleiben wir unzufrieden und suchen weiter. Diese Unzufriedenheit

(Perfektionismus) hält uns bei der Stange, und während wir suchen, forschen und gegen die Missstände in der Welt kämpfen, entwickeln wir uns weiter.

Im sechsten Haus muss erforscht werden, was wir unbewusst und unabsichtlich im Umgang mit den Themen der Zeichen, die dort stehen, falsch machen. Eine Veränderung im Verhalten ihnen gegenüber ist notwendig (Not wendend), denn hinter jedem physischen oder anderweitigen Problem oder Konflikt steckt ein unbewusstes Fehlverhalten. Ihnen fehlt dadurch etwas, sie sind „krank", energetisch unterversorgt und machen über Schwierigkeiten auf sich und ihren Mangel aufmerksam. Solche Sorgenkinder brauchen Pflege, mehr Aufmerksamkeit, einen verstärkten Energieeinsatz. Wir sollen das, was wir ihnen „angetan", was wir unterlassen haben, finden und die Verantwortung dafür übernehmen. Indem wir uns darum kümmern, entfalten sie sich und heilen.

Durch all dieses Suchen, Beobachten, Analysieren und Befassen damit, lernen wir die Themen kennen, erlernen den richtigen Umgang und verfügen über Erfahrungen, die auch anderen zugute kommen. Wir können aufgrund unserer Erfahrungen helfen, Leid zu lindern oder gar zu vermeiden, wir werden einfühlsam, sozial und hilfsbereit durch das, was wir „am eigenen Leib" erfahren. Was wir nicht selbst erleben, können wir schwer nachvollziehen. Auch hier ist es wieder die Angst vor dem Tod, vor Schmerz und Katastrophen, was uns dazu bringt, nebst dem eigenen zusätzlich dem Wohl anderer zu dienen, und das ist wichtig, um weiterzukommen. Es soll nicht mehr nur um uns allein gehen, sondern auch um andere – das Wohl aller muss uns am Herzen liegen. Das sechste Haus ist der Übergang zum nächsten Quadranten, wo es um das Du geht. Anderen zu helfen, ist befriedigend, das eigene Schicksal, das eigene Leid wiegt leichter, wenn wir nicht allein damit sind. Da gibt es andere, die uns helfen, es zu tragen, und solche, denen wir tragen helfen können, dank unserer Erfahrungen.

Im vierten Haus ging es darum, Nähe zuzulassen, uns seelisch zu binden und dadurch ans Leben anzubinden, im fünften Haus mussten wir uns von ganzem Herzen einsetzen, für das, was wir wollten, um unsere Persönlichkeit zu entwickeln. Im sechsten Haus lernen wir mit unseren Kräften hauszuhalten, den Einsatz von Energie zu planen, Konsequenzen abzuschätzen. Trotz großer Anstrengungen und Bemühungen können wir beim besten Willen nicht alles alleine machen, mit vereinten Kräften wird alles leichter. Und so richtig vollkommen erscheint uns das Leben erst, wenn wir es mit jemandem teilen können.

Der Deszendent und sein 7. Haus

Auf dem Partner/innenmarkt

Das siebte Haus beginnt mit dem Deszendenten und mit ihm eine neue Ära in unserer Bewusstseinsentwicklung. Am Deszendenten steht das Zeichen, welches am westlichen Horizont zum Zeitpunkt der Geburt gerade untergeht. Wir lassen das Kollektiv und den zweiten Quadranten hinter uns und nähern uns einzelnen Menschen, es geht um das Du. Ich und Du, Aszendent und Deszendent, stehen einander gradgenau gegenüber. Wie die Erde sich um die eigene Achse dreht, dreht sich unser Leben um die Achse Häuser eins/sieben, die so genannte Beziehungsachse hält unsere persönliche Welt im Gleichgewicht. Materie besteht immer aus zwei magnetischen Polen, einem positiven, männlichen, und einem negativen, weiblichen, die einander anziehen. Die gleiche Anziehungskraft finden wir zwischen den Planeten, sie halten sich gegenseitig auf ihrer Bahn. Menschen sind wie Planeten – auch sie ziehen an und stoßen ab. Diese gegenseitige Anziehungskraft macht Leben möglich und unterstützt den Zweck unseres Hierseins – die Selbsterkenntnis.

Im dritten Haus knüpften wir Kontakte, im siebten Haus gehen wir einen Schritt weiter. Aus Begegnungen werden Beziehungen, die wir ebenso brauchen wie die Planeten einander, um „bei uns" zu bleiben, in unserer Mitte, auf unserer Bahn durchs Leben. An den Reaktionen anderer orientieren wir uns, wir entnehmen ihnen, welches Verhalten in Ordnung ist und welches nicht, denn diese reflektieren unverfälscht, was wir aussenden. Folglich ist jede Reaktion von außen eine Antwort auf unsere vorangegangene unbewusste Aktion.

Im sechsten Haus haben wir erfahren, wie selbst schädigend wir aufgrund unbewussten Verhaltens sind, wir brauchen also dringend mehr Bewusstsein. „Beziehungen haben" ist nichts Anrüchiges, im Gegenteil: Wie könnten wir uns ohne sie auf die Schliche kommen?

Wir sind auf mehrere Projektionsflächen angewiesen und brauchen unterschiedliche Formen von Beziehungen, damit es unmöglich wird, wegzusehen. Einen einzigen Menschen können wir leicht zur Seite schieben, aufgrund einer einzelnen Reaktion ändern wir noch lange nicht unser Verhalten. Das ändert sich, wenn mehrere Leute ins gleiche Horn stoßen. Außerdem gibt es immer noch unzählige unbewusste Anteile in uns, die unser Verhalten steuern. Das kann eine Person allein gar nicht alles abdecken, wir brauchen ein ganzes Beziehungsnetz, um zu den benötigten Informationen zu kommen, und mit jedem Gegenüber verbindet uns ein eigener, besonderer Faden.

Wir begegnen vielen Menschen im Laufe unseres Lebens, jedoch bleiben wir nur bei denen „hängen", an denen wir etwas Vertrautes wahrnehmen. Ohne diesen Faktor des Wiedererkennens gehen wir aneinander vorbei. Es ist der Widerhall unserer eigenen Schwingung, was uns vertraut vorkommt und uns unbewusst am anderen anzieht. Das setzt nicht unbedingt voraus, dass diese Schwingung im anderen tatsächlich vorhanden ist. Jedenfalls öffnen wir uns geistig nur solchen Menschen und lassen uns auf sie ein, um unser Inneres mit ihnen zu teilen. Dieses unsichtbare Innere (unbewusste Anteile, die unser Verhalten bestimmen) bildet den Gegenpol zum sichtbaren Äußeren (das, was bewusst ist) des Gegenübers, es zieht uns instinktiv an. Durch Teilung (mitteilen) wird es bewusst/sichtbar.

Für das, was in unserem siebten Haus steht, brauchen wir Projektionsflächen, also Beziehungen. Dort müssen diese Themen einerseits eingebracht werden, sie dürfen nicht fehlen. Andererseits können wir sie zunächst sowieso nur an anderen erkennen. Sie reflektieren unseren Umgang damit, aber auch wie und ob wir auf andere zugehen – und sie auf uns. Indem wir uns einlassen, werden diese Themen für uns wahrnehmbar, und je näher wir jemandem kommen, umso deutlicher erkennen wir sie.

Grundsätzlich glänzen diese Themen in unseren Bekanntschaften und Beziehungen durch Abwesenheit. Dadurch werden wir herausgefordert, uns damit zu beschäftigen. Oder wir gehen nicht richtig damit um, was uns ebenfalls signalisiert wird. Wenn wir Beziehungen vermeiden, vermeiden wir auch diese Themen, wir können in unserem Leben nicht über diese Teile verfügen.

Was wir uns von einer Beziehung vor allem wünschen, ist Harmonie. Nur ist uns meist nicht bewusst, dass Harmonie eine aktive Angelegenheit ist, das siebte Haus gehört der Waage, ein aktives, männliches Zeichen. Harmonie erreichen wir also nicht durch Passivität, durch entspannen, oder indem wir dem Frieden zu liebe „ja" sagen, um nicht streiten zu müssen, sondern: Harmonie entsteht, wenn wir uns zeigen. Das heißt: Wir müssen zu dem stehen können, was wir wollen, damit wir nicht um unseren Willen kämpfen müssen. Den Willen, das Ich, zu verstecken oder zu verschweigen, führt zu den größten Verrenkungen, um doch irgendwie zu dem zu kommen, was wir wollen. Es liegt in der Natur des Willens, sich durchzusetzen. Er kommt immer zu dem, was er will, aber je mehr wir ihn zurücknehmen, meist aus lauter Rücksicht, desto stärker ist der Kampf, der in der Beziehung darum entbrennt, denn Kampf und Unterdrückung werden uns ja gespiegelt. Und Kampf ist das Gegenteil von Harmonie. Harmonisch ist es, Handlungen und Impulse (Widder und erstes Haus gegenüber von Waage und siebten Haus lassen grüßen) auszusenden und anhand der Reaktionen richtig einzustellen. So findet der Ausgleich der Energien in uns statt, wir lernen Aktivität und Passivität, das männliche und das weibliche Prinzip, Geben und Nehmen in Einklang zu bringen.

Menschen ohne Kontakte oder Beziehungen verhalten sich eigenartig, sie kommen uns irgendwie gestört vor, sie reden mit sich selbst, ohne es zu merken. Sie können ihr Verhalten nicht im Spiegel ihrer Beziehungen betrachten und entsprechend anpassen. Wer in diesen Spiegel schaut, erkennt sich selbst – und das ist nötig, um bewusst zu werden. Beziehungen sind der Schleichweg zum Ich.

Der Schlüssel zu allen Lufthäusern ist die Kommunikation. Das Schlimmste, was wir in Beziehungen machen können, ist, zu schweigen, sich seinen Teil zu denken und den anderen nicht daran teilhaben zu lassen. Auch wenn wir aufgrund einer Vorstellung auf den anderen zugegangen sind, ist das doch der Weg, der zu mehr Bewusstsein führt – und den wir gehen müssen, um vorwärts zu kommen. Und während wir dem anderen immer näher kommen, sehen wir bis in unsere tiefste Tiefe hinab, wo der Ursprung allen (Fehl-)Verhaltens verborgen liegt und darauf wartet, erlöst, entzaubert zu werden. Was verdrängt ist, taucht in unserem Leben in Verkleidung auf, und wir sollten dafür sorgen, dass Frösche sich in Prinzen und Prinzessinnen zurückverwandeln können oder verzauberte Könige in die Frösche, die sie eigentlich sind. Das beginnt meist wie im Märchen mit einem Kuss.

8. Haus

Die Zähmung des/der Widerspenstigen

Ins achte Haus gelangen wir, wenn sich unsere Beziehungen vertiefen und die emotionale Nähe wächst. Es ist nicht einfach, an einer Beziehung festzuhalten, da die Menschen, die wir lieben, in uns nicht nur Liebe und Zärtlichkeit auslösen, sondern von Liebe bis Hass alles, was an Gefühlen überhaupt möglich ist. Aber genau darum geht es. Wir müssen uns tief einlassen, um an unbewusste, vergessene und verdrängte Emotionen zu rühren, die in bewusste Gefühle verwandelt werden wollen. Dazu sind intensive und verbindliche Beziehungen unverzichtbar. Es drängt uns instinktiv dazu, da unsere weitere Entwicklung davon abhängt. Wir sehnen uns nach Nähe, danach erkannt und gezähmt zu werden, und dieses Sehnen ist stärker als die Angst vor Nähe und Verbindlichkeit.

Zu einer Bindung „ja" zu sagen, ist in Wahrheit ein Ja zu uns selbst, zu dem, was wir von uns noch nicht kennen, wozu auch die Zeichen im achten Haus gehören. Wir erlauben dem anderen, uns emotional zu berühren, und je tiefer, desto besser, denn es wird uns umso mehr bewusst. Was unbewusst ist, ist zwar unsichtbar, es beeinflusst (die Zeichen, nicht die Menschen!) aber unser Verhalten, wir reagieren instinktiv daraus und ohne zu überlegen. Dem sind wir gewissermaßen ausgeliefert, „es tut uns", statt dass wir tun.

Das achte Haus ist dem Skorpion zugeordnet, und wie der Skorpion dem Wasser müssen wir unserem Wasser, unseren Emotionen, den Zeichen in diesem Haus, auf den Grund gehen – wenn sie bewusst sind, verlieren sie ihre Macht über uns. Bis dahin werden wir von ihnen gedrängt und getrieben, weil wir sonst nicht merken würden, dass sie existieren. Da nützt alles Verdrängen nichts – das Verdrängte drängt erst recht ans Licht, mit der gleichen Kraft, mit der wir es unterdrücken. Aus seelischem Druck heraus anderen die Schuld an unseren Gefühlen zuzuweisen, ist zwar menschlich, verschafft aber ebenso wenig Erleichterung. Beschuldigte fühlen sich meist schuldig, auch das ist menschlich, doch sie sind weder verantwortlich für den Schmerz, noch für die Liebe, die sie uns auslösen. Was in uns nicht existiert, kann von anderen nicht berührt werden.

Unsere Zeichen im achten Haus sind uns nicht bewusst. Wir können sie in uns nicht sehen, sie sind dort für uns unsichtbar. An anderen sehen wir sie jedoch umso besser, wir erleben sie in der Projektion und sind überzeugt davon, dass uns diese Themen fremd sind, was ja auch stimmt. Aber, wären sie nicht ein Teil von uns, würden sie von außen nicht an uns herangetragen. Beziehungen vermeiden oder ausweichen, um ihnen nicht zu begegnen, ist unmöglich, schließlich sind sie ein Teil von uns und andere reagieren instinktiv darauf – und je mehr wir sie verdrängen, umso wilder gebärden sie sich. Sie sind wie Kinder, die nach Aufmerksamkeit schreien, und sich lieber Negativzuwendung in Form von Schlägen holen als ignoriert zu werden. Sie tauchen so lange in unseren Beziehungen auf, bis wir sie als Teil von uns erkennen und akzeptieren. Dann verwandeln sie sich vom Schatten an der Wand, der mächtig und bedrohlich wirkt, in etwas Erfreuliches, wie der eklige Frosch, der im Märchen durch einen Kuss zum Prinzen wird.

Die Verwandlung unbewusster Anteile braucht Hingabe. Wir müssen uns einzelnen Menschen und den Gefühlen, die sie uns auslösen, ergeben. Und fällt uns das schwer und tun wir es dennoch, ist der Gewinn daraus enorm. Wir springen über unseren Schatten, wenn wir es schaffen, auch befremdliche, unangenehme Gefühle anzunehmen und als Teil von uns zu akzeptieren. Gefühle sind nun mal unsere Quelle der Vitalität, die wir unterdrücken, wenn wir einzelne davon verdrängen. Nur bewegte, fließende, bewusste Gefühle beleben und stärken. Sonst sind sie wie stehendes Wasser, das ohne Zu- und Abfluss, ohne ständige Erneuerung, lebensfeindlich wird statt lebensspendend zu sein.

Was im achten Haus steht, ist gewissermaßen verzaubert, es erscheint uns ganz anders, als es in Wahrheit ist. Es bläst sich auf, damit wir es nicht übersehen. Trauen wir uns, uns ganz tief auf einen Menschen einzulassen, obwohl wir Angst haben verletzt zu werden, verlassen zu werden und zu unterliegen, begegnen uns diese Zeichen und die Verbindung wird intensiv, lebendig und beständig. Die Nähe wird immer größer und die Liebe wächst. Natürlich sterben wir tausend Tode, wenn uns starke Emotionen erschüttern, dafür werden wir im Gegenzug dazu wach, bewusst und vital.

Die Manipulation durch unbewusste Emotionen wird immer geringer, in dem Maße wie sie sich in bewusste Gefühle verwandeln. Wir ragen damit aus der Masse heraus, die aus Menschen besteht, die ihren unbewussten Emotionen noch ausgeliefert sind und sie als Macht von außen betrachten, die über ihr Leben bestimmt. In der Masse fühlen sich Ohnmächtige sicherer, was sie auch sind, denn die Herde (Masse, Gesellschaft) bietet Schutz – ein Schutz, der im vierten Haus überlebenswichtig ist, solange wir „klein" sind. Gleichzeitig hält sie uns klein. Wir kommen deshalb im Laufe der Entwicklung nicht darum herum, die Herde, und die Menschen, aus denen sie besteht, zu verlassen, Beziehungen, in denen wir nicht mehr weiter wachsen können, oszulassen. Auf Dauer wäre es schmerzhafter, an dem festzuhalten, was überholt ist, als es aufzugeben. Wir müssten uns regelrecht verstümmeln und verraten, um in diese Beziehungen zu passen, wie in Schuhe, die einige Nummern zu klein geworden sind. Trotzdem müssen wir nie allein bleiben – wer einsam ist, entscheidet sich freiwillig für die Isolation, wahrscheinlich aus Angst vor Verlust.

Wir müssen zu unserem tiefsten, materiellsten Punkt vorstoßen, um ihn über-winden zu können und höhere Dimensionen unserer Identität zu finden. Dazu brauchen wir verbindliche Beziehungen. Lassen wir uns auf den Frosch ein, auf Emotionen, die uns dort ausgelöst werden, finden wir den Prinzen in uns, der fähig ist, in unserer Welt etwas zu bewegen und zu bewirken. Die Kraft dazu gewinnt der Prinz aus der Zähmung des Froschs, nicht aus seiner Unterdrückung. Emotionen in bewusste Gefühle verwandeln, indem wir sie erkennen und benen-nen, das ist mit Zähmung gemeint, und das verlangt ein tiefes Einlassen. Deshalb ist oft eine schlechte Beziehung immer noch besser als keine, durch sie kommen wir wenigstens an die Emotionen heran.

Beziehungen, in denen etwas läuft, wo wir uns miteinander auseinandersetzen, in denen können wir wachsen, auch wenn es manchmal schmerzt. Sie sind wie Schuhe, die wie angegossen sitzen, mit denen wir die weiteren Entwicklungs-schritte mühelos unter die Füße nehmen können.

9. Haus

Größe entwickeln

Der Weg ins Licht führt durch die Dunkelheit. Wir brauchen seelische Erschütte-rungen, um wach zu werden. Angst, Druck und Schmerz motivieren uns, nach mehr, nach Höherem zu streben. Im Dunkeln, im achten Haus, tanken wir die Energie, die wir brauchen, um in höhere Dimensionen vorstoßen zu können.

Im neunten Haus wollen wir mehr als nur überleben, wir wollen Entfaltung, wie in allen Feuerhäusern. Das neunte Haus ist dem Schützen zugeordnet. Dazu müssen wir die ungestümen und unbewussten Kräfte, die Instinkte, zähmen. Wir müssen sie schulen und erziehen, um sie nutzbar zu machen. Energie ist nur brauchbar, wenn sie gelenkt wird, das haben wir im ersten Haus gelernt und das hat immer noch Gültigkeit.

Solange wir uns mit dem Körper identifizieren, sind wir selbst die Kraft, die gezähmt und kultiviert werden muss. Wir selbst sind für uns die größte Bedrohung, was uns immer wieder ins achte Haus und die Ohnmacht zurück wirft. Bis wir die Erfahrung machen, dass uns vom Leben keine Gefahr droht, weil wir es selber verursachen, wenn wir auch noch nicht wissen wie. Noch sind wir auf der Suche nach dem Zusammenhang, der Beziehung (wir befinden uns immer noch im Partnerschaftsquadranten) zwischen der Wirkung – unserem Leben – und seiner Ursache. Immerhin beginnen wir zu vertrauen, wir werden zutraulich und wagen uns Schritt für Schritt über die Grenzen hinaus zum fernen Horizont und in Richtung Sterne, die dort am Nachthimmel strahlen, umso heller, je dunkler es ist.

Die „Sterne" geben unserem Streben eine Richtung, sie werden zum Vorbild, Leitbild, das wir erreichen wollen. Seit Äonen benennt man sie nach Göttern, großen Persönlichkeiten, die besondere Eigenschaften verkörpern, nach denen auch wir uns strecken. Es sind immer noch die selben Themen, Größe erlangen, jemand sein, so dass wir nicht spurlos verschwinden, wenn wir dereinst die Welt verlassen, sonst hat unser Leben keinen Sinn.

Es ist dabei nicht so wichtig, die gewünschte Eigenschaft zu besitzen, wie danach zu streben („Der Weg ist das Ziel!"). Hauptsache, wir sind und bleiben in Bewegung, denn während wir uns im und durchs Leben bewegen, machen wir Erfahrungen, die wir nicht mehr nur über uns ergehen lassen. Wir wollen sie endlich verstehen, ihre Ursache erkennen. Wer fragt, erhält Antwort. Wir entdecken, dass alle unsere Entscheidungen, jede Handlung, aber auch jedes Nichthandeln direkte Auswirkungen auf uns, unser Leben und auf andere hat. Das erzieht uns zu mehr Aufmerksamkeit und Bewusstsein, wir können unser Verhalten darauf ausrichten.

Mit jeder Erkenntnis erfährt unser Bewusstsein eine Erweiterung. Wir wachsen durch sie über rein materielle Bedürfnisse hinaus, ohne sie zu verleugnen oder zu unterdrücken, gerade weil wir sie achten, sind wir groß. Und doch sind wir nicht mehr nur mit unserer persönlichen Existenz beschäftigt, wir tragen das Licht, das uns aufgegangen ist, in die Welt hinaus, damit es uns und anderen wie ein Stern den Weg ins Unbekannte beleuchten kann.

Deshalb dürfen wir unser Licht niemals unter den Scheffel stellen. Was wir erkannt haben, daran sollen wir glauben und entsprechend diesem Glauben handeln, denn Glaube ist nichts Passives. Es ist der altbekannte Wille, mit dem wir jeden Berg versetzen können, der sich uns im Alltag in den Weg stellt, sofern wir uns entsprechend verhalten. Was nützt der Wille, oder der Glaube, wenn er uns nicht durch den Alltag führt wie eine Laterne, und dem wir nachfolgen, wenn er nicht zur inneren Überzeugung wird, nach der wir handeln?

Wir schreiben bereits hier im neunten Haus unser Schicksal, mit allem, was wir tun und lassen. Es wird sich im zehnten Haus manifestieren. Dort dürfen wir die Suppe auslöffeln, die wir uns einbrocken, ob sie uns schmeckt oder nicht. Deshalb ist mehr Aufmerksamkeit und Bewusstsein so überaus wichtig. Wir können uns keine Unaufmerksamkeit erlauben, wir befinden uns auf einer Ebene, wo wir uns in größeren Dimensionen (der Kraft) bewegen. Der kleinste Aufwand hat eine große Auswirkung.

Die Zeichen, die in den Feuerhäusern stehen, motivieren und helfen uns zu wachsen. Nach ihnen zu streben, an sie zu glauben und danach zu handeln, verleiht unserem Leben, all unserem Tun einen Sinn. Sie fördern dadurch unsere Persönlichkeit, wir entwickeln Größe. Sie erziehen uns außerdem zu mehr Aufmerksamkeit und Bewusstsein. Und sie sind absichtlich so weit entfernt, damit wir unterwegs zu ihnen viele Erkenntnisse haben, so sorgen sie für Wachstum, für Erweiterung in unserem Leben.

Das neunte Haus ist vergleichbar mit einer Kirche oder einer Pyramide. Das Gebäude ruht auf einem Rechteck, den vier irdischen Dimensionen, und endet unter dem Himmel in der Kirchturm- oder Pyramidenspitze an einem Punkt. Dieser Punkt verkörpert die Vollkommenheit, das Göttliche. Das ist der Punkt, dem alles Leben entgegen wächst. Dieses hohe Ziel schafft, erschafft und definiert den

Raum, in dem wir uns entfalten können. Je höher ein Ziel, desto größer der Raum. An ein Ziel zu glauben heißt, es zu wünschen, zu wollen und sich von ganzem Herzen dafür einzusetzen, dass es sich manifestiert.

Unterwegs erarbeiten wir uns den Überblick, so dass wir unser Leben in einem größeren Rahmen sehen können, im Zusammenhang mit allem Leben (Philosophie). Das verändert unsere Sicht von uns und der Welt von Grund auf, eine ganze Weltanschauung (Religion) entwickelt sich. Unterwegs werden wir reich, nämlich reich an Erfahrung, an Weisheit, an Bewusstsein.

So richtig glücklich werden wir erst, wenn wir von der Verhaftung an die Materie erlöst sind, dann fließt uns die Fülle des Kosmos zu. Das heißt, weil wir zu ihm nun Kontakt haben, kann er uns erfüllen, seine Fülle war schon immer da, aber wir hatten keinen Bezug dazu, er und seine Förderung haben für uns nicht existiert.

Einmal zum Suchenden geworden, gibt es kein Zurück, wir können lediglich weitergehen, bis wir eines Tages ans Ziel unserer Suche gelangen, an die Spitze des Kirchturms, der Pyramide, ans Dach der Welt, wo wir die Zusammenhänge deutlich erkennen können.

Das Medium Coeli und sein 10. Haus

Am Webstuhl des Schicksals

Auch der längste Weg ist einmal zu Ende, irgendwann im Laufe der Zeit erreichen wir jedes noch so weit entfernte Ziel und werden eins damit. Wir sind, was wir werden wollten. Je höher nun ein Ziel liegt, desto größer sind wir, wenn wir es erreichen – wir wachsen in unsere Ziele hinein und sind ihnen gewachsen. Das geht nicht ohne Anstrengung, schließlich sind Ziele eine Herausforderung, aber aufgrund der Anstrengung können wir uns selbst (unser Selbst) endlich schätzen, der Selbstwert ist in allen Erdhäusern enthalten. Wir entwickeln Achtung vor dem Leben und das ist die Voraussetzung, um die Schwelle des MCs, des Medium Coelis, der Himmelsmitte, überschreiten zu können, den höchsten Punkt in unserem Horoskop. Obwohl wir das MC, den Individualpunkt im Gegensatz zum Kollektivpunkt gegenüber am IC, allein überschreiten, sind wir nicht allein. In unserem Schlepptau befinden sich andere Menschen, die wir im neunten Haus motiviert haben und nun auf der Suche sind nach sich selbst.

Am höchsten Punkt zu stehen bedeutet, den totalen Überblick zu haben. Wir erkennen klar und deutlich wie das Leben funktioniert, auf welche Weise Schicksal erschaffen wird. Unser persönliches Schicksal ist die Antwort auf unsere Handlungen und Entscheidungen. Das Schicksal anzunehmen bedeutet, zu den Konsequenzen unseres Tuns zu stehen (Rückgrat haben) und die Verantwortung dafür zu übernehmen. Sind wir bereit dazu, sind wir reif, um unsere Aufgabe im Leben zu erhalten.

Dass jedes Leben einen Sinn hat, haben wir bereits im neunten Haus erkannt. Wir wissen ebenfalls, dass wir auf andere einwirken, ob wir nun in Richtung Geistigkeit und Erhöhung streben, oder Richtung Selbstzerstörung. Beides hat Auswirkungen auf die, die uns nahe stehen. Aber erst wenn wir dem Leben mit Achtung begegnen, wird uns die Lebensaufgabe übertragen, unsere Berufung, zu der wir gerufen werden, und die auch ein Beruf sein kann, jedoch nicht muss. Wir sind von Geburt an verpflichtet, das Beste aus dem Geschenk des Lebens zu machen und uns zu verwirklichen. Dann folgen wir unserer Bestimmung und der Sinn unseres Daseins manifestiert sich sichtbar in der Materie.

Das Schicksal ist unbestechlich und vollkommen neutral, es rechnet gerecht mit uns ab. Es ist unser Gewissen, das über uns richtet. Die Bibel bezeichnet es als das „jüngste Gericht". „Schicksal" ist nur ein anderes Wort für Leben, das Leben, in dem wir leben, haben wir uns selbst zuzuschreiben – was wir ernten, haben wir gesät, sonst könnte es uns nicht zufallen.

Die Wirklichkeit ist individuell, jeder lebt in seiner eigenen, selbst erschaffenen Realität. Sie ist unsere persönliche Konsequenz, die wir uns verdient haben, im Positiven wie im Negativen. Wir werden zu Beginn in ein Leben, ein Schicksal hinein geboren, das auf unsere Schwingung zugeschnitten ist. Vom ersten Tag an weben wir unbewusst aufgrund unseres freien Willens an diesem Schicksal weiter.

Die Zeichen im zehnten Haus, dem Haus des Steinbocks, sind uns noch ferner als die im neunten, schließlich sind sie mit unserer größten Herausforderung verbunden, der Selbstverwirklichung. So wie die Sonne im Zenith am stärksten ist, überstrahlen diese Themen unser ganzes Leben und ziehen uns an. Wir brauchen viel Geduld und Disziplin, um sie zu erreichen, aber wenn die Zeit reif ist, (be-)

rufen sie uns. Sie sagen zwar nicht wie die Aufgabe aussieht, die uns erwartet, die bestimmen wir selbst, sie zeigen lediglich, in welche Richtung sie geht. Mit dieser Aufgabe ist jedoch immer Verantwortung verbunden, denn wenn sie ruft, müssen wir antworten. Die Größe der Aufgabe hängt davon ab, wie hoch das Ziel liegt, das wir anpeilen. Wenn sie uns ruft, haben wir keine Wahl, denn am MC endet unser persönliches Leben und mit ihm der freie Wille, es beginnt unser überpersönliches Leben.

Bis zu dem Moment, wo wir die volle Verantwortung für unser Leben übernehmen, haben wir meist das Gefühl, unsere Geschicke werden von Politikern, der Wirtschaft, den Eltern, dem Partner oder der Partnerin etc., von Gott gelenkt. Aber irgendwann erkennen wir die Wahrheit und fassen unseren Auftrag, obwohl wir wie Jesus in dem Moment vielleicht am liebsten sagen würden: „Lass diesen Kelch vorüber gehen". Das wird er nicht, jedoch wird von uns wie gesagt nichts verlangt, wozu wir nicht fähig wären. Starkes Streben bewirkt, dass wir „auserwählt" werden, in ein Amt gewählt, berufen – wir schwimmen nicht mehr mit dem Strom, sondern dagegen. Das ist sicher anstrengender, von uns wird viel verlangt, aber es lohnt sich, weil wir auch mehr reifen.

Im zehnten Haus fallen wir auf, wir werden sichtbar. Vielleicht stehen wir durch unsere Lebensaufgabe im Rampenlicht der Öffentlichkeit, vielleicht wirken wir aus der Anonymität heraus. Auf jeden Fall ist unsere Aufgabe verbunden mit der Pflicht, uns für das Leben in uns und anderen einzusetzen. Unterlassen wir es, sind wir nicht wirklich reif für die Berufung. Wir identifizieren uns jenseits der Schwelle nicht mehr mit unserem Körper, trotzdem wissen wir, dass wir nur so lange unseren Dienst in der Welt verrichten und unserer Aufgabe nachkommen können, wie wir einen haben. Deshalb ist es uns selbstverständlich, für das Leben zu sorgen, aus Selbstachtung, aus Achtung vor Gott in all seinen Erscheinungsformen. Nach Bewusstsein, nach Licht zu streben, heißt nach Gott zu streben, denn Gott ist Licht. Und streben wir lange genug danach, werden wir eins mit Gott. Wir sind groß geworden, erwachsen, vollkommen erwacht, und tragen offenen Auges die Konsequenzen, die wir selbst erwirkt haben.

11. Haus

Mit Begeisterung

Die ganze Zeit haben wir gegen den Körper und die Materie gekämpft, um uns davon zu befreien, aber existenzielle Probleme, Krankheit und andere Konflikte haben uns immer wieder von neuem damit konfrontiert. Der Weg zur Befreiung von der Materie führt durch sie hindurch, das Tor, die Schwelle zum überpersönlichen Leben liegt im Körper, nicht außerhalb. Das verlangt von uns ein radikales Umdenken. Eines Tages machen wir genau das Gegenteil, wir akzeptieren den Körper und nehmen die Sorgfaltspflicht fürs Leben wahr. Tun wir zuverlässig alles, was zum Erhalt nötig ist, erfüllen wir die Bedingung für den Eintritt ins neue, ins überpersönliche Leben, das immer noch das alte ist, sich aber nun vollkommen anders präsentiert.

Im elften Haus (Wassermann) befinden wir uns jenseits dieser Schwelle und in einer anderen, einer fremden Welt, die gewissermaßen „nicht von dieser Welt" ist, es ist eine geistige Welt. Hier herrschen eigene dem Leben übergeordnete, also kosmische Gesetze, und wollen wir sie verstehen, müssen wir uns auf den Kopf stellen, oder sonst eine Position einnehmen, die es ermöglicht, das Gleiche (z. B. unsere Zeichen) mal aus einem anderen Blickwinkel zu betrachten.

Leben auf der Erde ist möglich, weil die Planeten dort sind, wo sie sind, und so sind wie sie sind. Sie folgen diesen kosmischen Gesetzen. Jupiter ist zum Beispiel ein riesiger Staubsauger, der die Erde vor größeren Meteoriteneinschlägen schützt, deshalb konnte sich hier Leben überhaupt entwickeln. Die Distanz zwischen Erde und Sonne ist wichtig, der Mond, ja sogar Pluto und sein Begleiter Charon spielen eine Rolle. Das ganze Sonnensystem ist im Einklang oder besser gesagt: im Gleichklang.

Werfen wir in der Vorstellung einen Blick auf die Erde aus dem All, sehen wir sie aus der überpersönlichen Sicht, wir sehen das Schicksal aller Lebewesen. Da ist einerseits das individuelle Schicksal des Einzelnen, gleichzeitig ist jedes Lebewesen ein Teil eines größeren Ganzen, eines größeren Plans, der alles Seiende umfasst, und es erfüllt darin seinen Zweck, seine Aufgabe. Alles, was geschieht, entspricht diesem Plan. Wer glaubt, Menschen seien zerstörerisch und schlecht, schaut von unten, aus der persönlichen Sicht, denn aus der überpersönlichen

Perspektive gibt es keine Polarität, weder Gut noch Böse, noch Falsch und Richtig. Aus dieser Sicht zieht es Seelen in die Materie, um zu lernen und bewusst zu werden, und am meisten lernen sie aus Fehlern. Wären Regenwälder nicht abgeholzt worden – weniger aus Profitgier, sondern um die Existenz vieler Leute zu gewährleisten –, wüsste man nicht um den Zusammenhang zwischen Regenwald und Klima usw. Oft reparieren die gleichen den Schaden, die ihn vorher aus Unwissenheit verursacht haben (vom Saulus zum Paulus). Hätten sie ihn nicht verursacht, wären sie nicht gescheiter geworden.

Dass Tiere weniger grausam sind als Menschen, stimmt nicht. Tiere sind reiner Instinkt, sie nehmen nicht Rücksicht auf kranke oder schwache Artgenossen, oder auf die Bedürfnisse anderer. Das hängt mit den Trieben und Instinkten zusammen, die unser Körper ebenfalls besitzt. Aber sie können sie nicht wie wir überwinden. Mitgefühl und Hilfsbereitschaft hängen mit Bewusstsein zusammen, die eigenen Überlebenstriebe treten mit zunehmendem Bewusstsein in den Hintergrund. Meist setzen wir uns mit aller Kraft dafür ein, unsere Fehler wieder gut zu machen, wenn sie uns bewusst werden. Dadurch leisten wir Wiedergutmachung, zahlen unsere Schulden dem Leben gegenüber und erfüllen den Zweck unseres Hierseins.

In den Feuerhäusern machen Menschen einfach Fehler, weil sie handeln und entscheiden, diese Fehler korrigieren, verbessern, heilen sie in den Erdhäusern. Unsere Lebensaufgabe im zehnten Haus ist demnach nichts anderes als zu richten, was wir aus Unwissenheit angerichtet haben.

Im 11. Haus wohnt die Zukunft, denn geistige Programmierungen, Ansichten und Vorstellungen manifestieren sich gegenüber im fünften Haus, die Achse Haus elf/ fünf ist die so genannte Schöpferachse. Neues Gedankengut können wir blitzschnell auf- und übernehmen, nur: Haben wir einmal etwas ins Programm aufgenommen, neigen wir dazu, daran festzuhalten. Mit der Zeit wird das, worauf wir uns fixieren, zum Gefängnis, erst geistig, dann auch im Leben. Wir mauern uns langsam ein, wenn wir unser Denken nicht immer wieder durch neue Gedanken, Ideen und Einfälle revolutionieren, erfrischen und beleben.

Veraltete, einschränkende Programmierungen werden wir ganz einfach los, indem wir sie durch neue ersetzen. Falls wir darauf nicht von selber kommen, sorgen Verstrickungen und Einschränkungen, die unserem Denken entsprechen, für ein immer dringender werdendes Bedürfnis nach Luft, Freiheit und Befreiung. Es gibt eben keine Freiheit im Leben ohne Freiheit im Geist. Ändern wir festgefahrene Ansichten im Denken, verändert sich jedoch die Situation im Leben sofort, radikal und plötzlich.

Freiheit bedingt Gleichheit, wir müssen aufhören zu werten. Nur wenn wir weder zwischen Rasse, Geschlecht, Religionszugehörigkeit, Hautfarbe, noch sonst irgendetwas unterscheiden, sind wir wirklich frei.

Die Zeichen im elften Haus wollen befreit werden, wir müssen dort auf andere Gedanken kommen und umdenken. Wir haben zu den Themen dieser Zeichen dort einige überholte Ansichten und schränken uns dadurch ein, wenn wir nicht einen radikal anderen Zugang dazu erhalten. Sie sind – wie alle Zeichen in den Lufthäusern – Allgemeingut, das wir anderen zur Verfügung stellen, weil wir nur dadurch auch selber den Zugang dazu finden. Eine einzelne Idee löst bei anderen neue Ideen aus, der so inspirierte Geist verursacht ganze Gedankenstürme, er bläst wie ein frischer Wind durch die Köpfe von Menschen, und trägt den Mief eines überholten starren Zeitgeistes mit sich fort, was die Gesellschaft, den Alltag, das Leben vieler – oder aller – nachhaltig verändert. Erfindungen wie Telefon, Kühlschränke, Computer etc. stellen gar das Leben der ganzen Menschheit auf den Kopf.

Damit das möglich ist, müssen wir im elften Haus für alles offen sein und bleiben und uns informieren, interessieren, damit neue Gedanken uns jederzeit von überallher überfallen können und allfällige fixe Vorstellungen aufbrechen, die sich sonst im Alltag als mangelnde Möglichkeiten bemerkbar machen. Vor allem im Bereich, den die Themen der Zeichen dort darstellen. Im Zusammenhang mit ihnen müssen wir uns von einigem geistigem Ballast befreien, damit wir den Zugang dazu erhalten – und freie Bahn ins nächste Haus.

12. Haus

Endlich ge/erlöst!

Wie den Lachs zurück zur Quelle, in der er geboren wurde, zieht uns die Sehn-sucht ständig nach Hause, zurück zum Ursprung. Wir sehnen uns nach Ge-borgenheit, Friede und Stille, nach Erlösung von Einsamkeit und Isolation, von Ängsten, Problemen und Konflikten, kurz gesagt von all dem Leid, mit dem das Dasein als Mensch verbunden scheint. Das wahre Zuhause ist jedoch kein Ort, es ist ein Zustand, der Zustand der Erleuchtung, des erwachten Bewusstseins, den wir in den Wasserhäusern – das zwölfte Haus ist den Fischen zugeordnet –, den Transformationshäusern, durch Verwandlung erlangen, eine Verwandlung, die im Wasser, also auf der Gefühlsebene stattfinden muss.

Solange wir unbewusst sind und uns mit dem Körper identifizieren, kämpfen wir instinktiv mit allen Mitteln gegen das, was unser Dasein zu bedrohen scheint, gegen Probleme, Ängste, Konflikte, körperliche Symptome usw.

Trotzdem sind wir nie frei von Problemen – ist eines gelöst, taucht das nächste auf, und das nicht aus Bosheit, sondern mit gutem Grund. Probleme, egal wel-cher Art, sind Herausforderungen, die das Bewusstsein zum Wachsen braucht, insofern dienen sie der Erlösung. Wir sollen und können sie nicht vermeiden oder eliminieren, ihnen nicht auf Dauer ausweichen, weil wir den Drang nach Licht, nach Bewusstsein haben, wozu sie der Schlüssel sind. Es ist eine Illusion, dass Probleme Feinde sind, aber diese falsche Ansicht löst bei uns immer wie-der Abwehrreaktionen und Widerstand aus. Also müssen wir im zwölften Haus zur Einsicht kommen, wir brauchen unbedingt eine höhere, eine überpersönli-che Wahrnehmung, in der Tat eine Wahrnehmung des Höheren, mit der wir die Dinge „sehen" können wie sie wirklich sind. Fühlen wir uns nicht mehr bedroht, lassen wir uns darauf ein. Vollständige Hingabe ans Leben und seine Herausfor-derungen ist, was die in diesem Haus angestrebte Verwandlung bewirkt.

Wir erhalten Einsicht, wenn wir so nahe kommen, dass wir den Schein durch-schauen können. Nicht mit den Augen, sie sehen Materie, die Verkleidung. Nähe ist auch in diesem Haus nötig, damit wir uns einfühlen können. Dieser unkör-perliche „Sinn" enthüllt die Wahrheit, dass das Leben gar kein Jammertal ist, wir „sehen" damit seine ganze Schönheit und Vollkommenheit. Das Leid verursachen wir selbst, aber täten wir es nicht, hätten wir auch keine Motivation uns zu entwickeln. Wir könnten „niedere" Instinkte nicht überwinden, weil sie kaum Nähe zulassen.

Die Natur verwendet unabhängig von unserer Entwicklung eine List, um nicht unterzugehen. Sie bedient sich der Hormone, welche Verliebtheit auslösen, so dass es uns zueinander drängt. Haben wir uns angenähert und auf eine Beziehung eingelassen, haben sie ihren Zweck erfüllt, der Rausch der Verliebtheit klingt ab. Viele verwechseln Verliebtheit mit Liebe und meinen, die Liebe sei weg, und oft sorgt dieses Missverständnis danach für die Trennung. Aber Liebe entsteht erst durch Nähe, also kann sie kaum zu Beginn vorhanden sein. Sie ist ein Gefühl, das in dem Maße wachsen kann, wie wir uns einlassen.

Alles Unerlöste will bewusst werden, aber da Unbewusstes unsichtbar ist, kann es nur auf einer anderen Ebene wahrnehmbar sein. Wo wir nicht hören, sehen oder berühren, können wir nur fühlen, ja sogar umso besser, weil wir nicht abgelenkt sind. Es nützt nichts, Unsichtbares zu ignorieren, es macht nur umso deutlicher auf sich aufmerksam, denn, was wir „am eigenen Leib" erfahren, motiviert uns. Je unangenehmer das Gefühl, je größer der Schmerz, umso dringender verlangt es uns nach der Lösung. Wir machen uns auf die Suche, wenn auch manchmal auf Umwegen, zum Beispiel über Symptomunterdrückung.

Die Zeichen im zwölften Haus sind eine große Herausforderung: Wir müssen elf Entwicklungsschritte machen, bevor wir auf sie stoßen. Sie stehen wie im Nebel, so dass es keine andere Möglichkeit gibt als sie über das Fühlen wahrzunehmen. Deshalb kommen sie zuletzt, wir waren bisher zu beschäftigt mit dem Stofflichen. Schließen wir die Augen und richten unsere Aufmerksamkeit nach innen, wie beispielsweise in der Meditation, wenden wir uns vom Stofflichen ab und dem Feinstofflichen zu, unsere inneren Augen können es nun „für wahr" nehmen. Hellhörig und feinfühlig erkennen wir die „Essenz" in der Materie. Alle Materie ist beseelt – Mensch, Tier, Pflanze und Mineral haben die selbe Essenz, den selben Ursprung, entspringen der gleichen Quelle – und machen die gleiche Entwicklung durch. Deshalb können wir einander fühlen. Auf dieser Ebene, im zwölften Haus, können wir nicht mehr so tun, als ob andere uns nichts angingen, denn ihr Schmerz ist auch unser Schmerz. Es ist heilsam für unsere Seele, uns zu kümmern, anderen beizustehen, zu helfen, wenn wir können und Hilfe erwünscht ist.

Je größer die Herausforderung, umso mehr Aufmerksamkeit braucht sie. Lassen wir uns hingebungsvoll darauf ein, wächst unsere Fähigkeit zu fühlen. Wir fühlen immer mehr und werden mit jeder angenommenen Herausforderung stärker, im Sinne von vitaler. Wir kommen immer besser zurecht, haben immer mehr Macht über unser Leben, weil wir es ganz durchschauen und erkennen wie es funktioniert. Wir wissen, wer oder was wir sind, was wir tun und was wir bewirken. Wichtig ist bei so viel Gefühl, nicht zu bewerten, was wir empfinden, das blockiert ihren Fluss. Wir können unangenehme Gefühle nicht vermeiden, ohne damit gleichzeitig erwünschte Gefühle zu unterdrücken. Was immer wir fühlen, ist in Ordnung, denn Gefühle sind neutral, es gibt keine richtigen oder falschen. Sie sind die Essenz, unser Lebenselixier – und Heilenergie.

Der höchste Punkt der Entwicklung ist erreicht, wenn wir uns am tiefsten mit der Schöpfung verbunden fühlen. Also nicht, wenn die Welt „vom Bösen" befreit ist – denn: Was ist überhaupt böse?

Schauen wir durch die „Augen Gottes", ist die Welt heil, und es geht darin immer mit rechten Dingen zu. Es gibt lediglich Unbewusstheit und Bewusstsein, Licht und Schatten. Wir sind nie so sehr Mensch wie jetzt, wo wir uns nicht mehr mit dem Körper identifizieren und aufgehört haben, dagegen anzukämpfen. Wir fühlen uns nicht mehr bedroht, der Körper hat nun genau die Funktion, die ihm zugedacht ist. Er fungiert als Tor zwischen der sichtbaren und der unsichtbaren Welt, durch das wir aufs Leben einwirken können. Wir sind nun fähig, uns dem Strom des Lebens bedingungslos hinzugeben und werden davon sanft getragen, geführt, geleitet, beschützt und behütet. Wir haben den Zustand der Erleuchtung erreicht und sind zu Hause.

Zusammenfassung der Häuser

Alles, was uns im Leben bewegt, ist in den zwölf Themen zu finden. Wir machen alle die gleiche Entwicklung durch, wenn auch jeder auf seine Weise, das ist die Philosophie am Ganzen. Wer die zwölf Themen durchschaut, durchschaut sein Leben, was ihn jedoch nicht davor bewahrt, es zu erleben.

Wir bestehen alle aus:

- einem Willen, der uns bewegt (Widder)
- Materie, die unterhalten werden will (Stier)
- Geist, der sich austauschen und ausdehnen will (Zwillinge)
- einer Seele, die bewusst werden will (Krebs)
- einem Herrscher, der über sein Leben bestimmen will (Löwe)
- einer Verwalterin, die mit den Energien haushalten muss (Jungfrau)
- einer Projektionsfläche zum Ausgleich der Energien (Waage)
- unbewussten Emotionen – Instinkte – (Skorpion)
- einem inneren Lehrer, der uns erzieht und schult (Schütze)
- einer inneren Mutter, die uns befähigt, die Verantwortung für unser Leben zu tragen (Steinbock)
- einem offenen, inspirierten Geist (Wassermann)
- der Intuition (Fische)

Wir müssen alle:

- uns durchsetzen im 1. Haus
- für unsere Bedürfnisse sorgen im 2. Haus
- Kontakte knüpfen im 3. Haus
- Lieben lernen im 4. Haus
- tun, was uns am Herzen liegt im 5. Haus
- analysieren und verbessern, was im 6. Haus steht
- Beziehungen eingehen im 7. Haus
- uns binden im 8. Haus
- nach Höherem streben im 9. Haus
- unsere Lebensaufgabe annehmen im 10. Haus
- uns begeistern und befreien, was im 11. Haus steht
- uns einfühlen, um erlöst zu werden im 12. Haus

Für jedes Zeichen oder Haus können wir auch andere Begriffe wählen. Wichtig ist, dass alle Themen ins Leben einbezogen werden. Die Übergänge von einem Haus ins andere sind fließend. Die Zeichen führen uns von einem Haus ins nächste und jedes baut auf dem anderen auf. Wir nehmen das, was wir gelernt haben, mit und machen im nächsten damit neue Erfahrungen.

In den **Feuerhäusern** wächst die Persönlichkeit.

In den **Erdhäusern** kümmern wir uns um Körper und Leben, für die wir verantwortlich sind.

In den **Lufthäusern** schaffen wir unsere Realität.

In den **Wasserhäusern** entwickeln wir die Liebesfähigkeit.

Die Planeten

Während die Planeten über den Himmel wandern, beeinflussen sie nicht uns auf der Erde, sondern ihr Lauf ist analog zu dem, was sich auf der Erde tut. Es geht immer noch um die gleiche Schwingung, die sich anzieht. Es kann auf der Erde keine andere Schwingung herrschen als am Himmel über uns – „wie oben so unten".

An erster Stelle bei der Deutung eines Horoskops steht das Erkennen und Verstehen der zwölf Themen in sich. Mehr ist im Grunde nicht nötig, denn zu wissen, was die einzelnen Themen in uns wollen und brauchen und danach zu handeln, ist bereits die ganze Entwicklung.

Die Planeten, die den einzelnen Zeichen zugeordnet sind, sorgen zusätzlich für Bewegung. Sie markieren bestimmte Themen wie mit einem dicken Stift, obwohl wir uns auch mit denen befassen müssen, wo keine Planeten stehen. Ein Planet oder mehrere sorgen für mehr Dringlichkeit beim Bearbeiten eines Themas.

Wenn wir die Bedeutung eines Planeten verstehen, seine physische wie mythologische Geschichte kennen, können wir ab esen, was er dort tut, wo er steht. Das kommt noch vor der Deutung der Aspekte, die ich übrigens nicht festgehalten habe, weil es darüber genügend gute Literatur gibt

Planeten bewirken nicht nur dort etwas, wo sie stehen, sondern arbeiten gleichzeitig für das eigene Zeichen, dem sie zugeordnet sind. Somit spielt es keine Rolle, ob ein Planet Aspekte zu anderen Planeten aufweist oder nicht. Er arbeitet mit oder ohne Unterstützung von anderen Planeten gleichzeitig dort, wo er steht, und bewegt das Zeichen, dem er zugeordnet wird.

In die Planetendeutung habe ich auch Isis aufgenommen, die man noch nicht entdeckt hat (Stand 2006), aber von der man weiß, wo sie steht, weil durch sie alle zwölf Zeichen einen eigenen Herrscher erhalten. Auch Lilith, obwohl kein Planet, habe ich angesprochen, weil das, was sie bezeichnet, nicht unwesentlich für die Deutung ist. Als ich mich auf ihre Schwingung einließ, hat sich mein ganzes Verständnis von Astrologie radikal verändert. So viel Kraft verdient meines Erachtens erwähnt zu werden.

Die Sonne

Der Wesenskern – das zentrale Thema

Die Sonne ist das große Licht, der Fixstern in unserem Sonnensystem, um den die Planeten kreisen. Analog dazu ist die astrologische Sonne im Horoskop ein zentraler Punkt! Alles Leben richtet sich nach der Sonne, wendet sich ihr zu und wächst ihr wie von Zauberhand gelenkt entgegen. Die Sonne erschafft Leben, sie herrscht über den Tag und die Jahreszeiten. Die astrologische Sonne regiert das Zeichen Löwe und ist wie er und ihr äußeres Pendant kreativ. Man betrachtet sie im Horoskop als Planeten, obwohl das astronomisch unrichtig ist.

Die Sonne steht im Horoskop für Bewusstsein, Bewusstsein ist ebenfalls Licht. Es wird immer heller in uns, je mehr sich unsere Persönlichkeit entwickelt. Wie der Baum im Samen, ist bei der Geburt die Persönlichkeit, der Wesenskern, bereits keimhaft vorhanden. Er wächst und gedeiht ein Leben lang, und doch entwickeln wir im Grunde nur das, was wir schon sind, wir werden uns dessen nur zunehmend bewusster. Es ist die Kraft unserer Persönlichkeit, die wächst, denn Licht, also Bewußtsein ist gleichzeitig Kraft.

Das Zeichen, in welchem die Sonne im Horoskop steht, soll uns in diesem Leben bewusst werden. Dieser Teil von uns – das Sternzeichen – ist ebenfalls wie ein Keim, den es durch Beachtung zu entfalten gilt. Diese Aufmerksamkeit wirkt wie eine Sonne und macht daraus eine große Pflanze. Im Laufe unserer Entwicklung werden wir uns aller zwölf Sternzeichen bewusst, alle diese Anteile drängen ans Licht.

Es grenzt an Magie, wie die Sonne Pflanzen aus dem Boden hervorlockt, sogar solche, die tief unten im Meer verborgen sind, oder Tiere aus dem Winterschlaf. Genau so magisch wirkt die Sonne in unserem Horoskop. Alles, wovon wir sagen „ich bin" es, verkörpert sich in unserem Leben. „Ich bin" ist eine magische Formel, die wir häufig verwenden, ohne uns dessen bewusst zu sein – aber sie wirkt dennoch.

Um das Zeichen entfalten zu können, in welchem die Sonne steht, können wir folglich sagen „ich bin", z.B. „Ich bin Widder, tatkräftig und energiegeladen. Ich bin Energie, Entschlusskraft!" – und wir lenken dadurch unsere Aufmerksamkeit darauf, was bewirkt, dass die Widderthemen sich in unserem Leben entfalten.

Wir sind ja nicht einfach das Sternzeichen, unter welchem wir geboren wurden, sondern sollen bzw. wollen es werden. Ziemlich sicher haben wir mehr oder weniger Mühe damit, aber das verschwindet mit zunehmendem Bewusstsein.

Jedoch dauert die Bewusstseinsentwicklung des Sternzeichens ein Leben lang. Je mehr von dem Sonnenzeichen integriert ist, umso mehr ist man es einfach. Man kann gar nicht mehr Auskunft darüber geben, wie oder was man ist, wenn man es ist. Es wird zum festen Bestandteil unseres Selbst, unserer Identität.

Die Suche nach unserer irdischen Identität führt uns in immer größere Dimensionen, weit über das bloße Wissen, wie wir heißen oder woher wir kommen, hinaus. Damit wir uns überhaupt auf die Suche nach den Themen des Zeichens machen, brauchen wir Identitätskrisen. Sie führen dazu, dass wir uns selbst bewusst werden. Und Selbstbewusstheit erlangen wir dort, wo unsere Sonne steht.

Als Kind sind wir mehr Mond als Sonne, mehr Gefühl als Persönlichkeit, obwohl sich der Keim der Persönlichkeit von Geburt an entfaltet.

Der große Wechsel – und somit die erste große Identitätskrise – findet in der Pubertät statt. Man ist kein Kind mehr, kein Neutrum, aber auch noch kein Erwachsener, noch nicht ganz Mann oder Frau. Man hat große Mühe, sich zu identifizieren und sucht sich Idole, Vorbilder, denen man nacheifert. Man will so sein wie andere und nicht auffallen, denn man möchte schließlich dazu gehören und akzeptiert sein. Auch Gefühle erlaubt man sich nicht zu zeigen, da man schließlich kein Kind mehr ist, und so versteckt man seinen Mond. Zwar glaubt man genau zu wissen, was man nicht mehr ist, aber man kennt das Neue noch nicht, das an dessen Stelle treten soll.

Gleichzeitig zeigt die Sonne im Horoskop, welcherart die Persönlichkeit in diesem Leben ist, und im Haus, wo sie steht, in welchem Lebensbereich sie zur Entfaltung kommt. Dagegen zeigt der Sonnenstand nicht, wo man in seiner Entfaltung steht, wie man mit diesem Zeichen umgeht und wie viel man davon schon entwickelt hat. Aspekte auf die Sonne weisen lediglich darauf hin, ob jemand sich mit der Entfaltung schwer tut oder nicht.

Im psychologischen Horoskop ist die Sonne das Symbol für den Vater.

Das Herz liegt als Organ zentral im Körper, es ist unsere physische Sonne, die ebenfalls Leben und Wärme spendet. Das symbolische Herz wirkt ebenso magisch wie die äußere Sonne, wenn man es in seinem Leben als zentral betrachtet. Eine Persönlichkeit ist, wer seinem Herzen folgt.

 ### Der Mond

Das innere Kind und
die Abhängigkeit von emotionaler Zuwendung

Die Sonne herrscht über den Tag und das Bewusstsein, der Mond über die Nacht und das Unterbewusstsein. Er bewegt die Körpersäfte wie auch das Wasser auf der Erde, welches nicht nur der Erdrotation, sondern zudem seinen Bewegungen am Firmament folgt. Er bestimmt die Gezeiten der Meere.

Einige Tierarten – vor allem im Wasser – paaren sich abhängig von seinen Bewegungen. Auch die Fruchtbarkeit der Frauen richtet sich nach dem Mond, hat doch der Zyklus des Körpers die gleiche Zeitspanne wie ein Mond-Monat, nämlich 28 Tage. Wer mit der Natur im Einklang ist, blutet bei Neumond und ist fruchtbar bei Vollmond.

Der Mond wird dem Krebs zugeordnet und ist als zweitgrößtes Himmelslicht ebenfalls kein Planet, wird aber in der Astrologie als solcher bezeichnet. Monde umkreisen Planeten, sie sind an sie gebunden, ob sie wollen oder nicht. Und doch muss man sich bewusst machen, dass die Abhängigkeit auf Gegenseitigkeit beruht.

Die Erde ist genau so im Banne des Mondes wie umgekehrt. Ein Kind hängt von seiner Mutter ab, die seine alltäglichen, emotionalen Bedürfnisse wahrnimmt. Aber die Mutter braucht das Kind ebenso sehr, denn nichts berührt und bewegt ihre Gefühle so sehr wie ein Kind, und nichts fördert die Liebesfähigkeit mehr als sich um jemanden zu kümmern.

Die Erde bestimmt mit ihrem Gravitationsfeld die Laufbahn des Mondes, er jedoch hält die Pole im Gleichgewicht und die Erde in ihrer geneigten Position. Fiele er weg, würden sich die Erdachsen verschieben, was das Leben auf der Welt wahrscheinlich vorübergehend fast völlig zerstören würde, da ganze Erdteile überflutet würden.

Einerseits gibt die Mondstellung im Horoskop Auskunft über die subjektive Wahrnehmung unserer Kindheit, welche oft wenig mit den tatsächlichen Geschehnissen zu tun hat. Er zeigt, wie wir uns als Kind gefühlt haben und noch fühlen, in Situationen, wo wir hilflos sind, weil wir nichts tun können, wo wir etwas geschehen lassen müssen. Und dort, wo er steht, fühlen wir uns immer hilflos.

Folglich verrät die Mondstellung auch, wie wir uns „ernähren", auf allen Ebenen, wie wir also annehmen, ob wir annehmen können und auf welche Weise. Dort müssen wir so oder so Hingabe lernen, denn etwas aufzunehmen oder anzunehmen bedingt, dass man sich nicht dagegen wehrt. Vor allem aber ist uns das Zeichen, welches dort steht, bzw. dessen Themen, ein instinktives Bedürfnis, welches der Mond weckt, da dieses Gefühl sonst unsichtbar bliebe wie das Wasser auf dem Mond. Zu fühlen ist überhaupt ein instinktives Bedürfnis wie auch zu schlafen, und solche Bedürfnisse zu stillen, bewirkt Geborgenheit, eine Art emotionaler Sicherheit.

Äußern Säuglinge und Kleinkinder ihre Bedürfnisse, weckt das – und ihre scheinbare Hilflosigkeit – den Mutterinstinkt. Bei der Mutter eines Säuglings beginnt als Reaktion darauf die Milch zu fließen. Auch das ist ein unbewusster Instinkt, der sich der bewussten Kontrolle entzieht. Das zeigt zudem, wie groß die emotionale Verbundenheit zwischen Mutter und Kind ist. Also steht der Mond gleichermaßen für das Bedürfnis nach emotionaler Zuwendung wie für den Mutterinstinkt. Und beidem sind wir hilflos ausgeliefert, können es weder unterdrücken noch beherrschen.

Die unbewusste Ebene, zu der auch der Mond gehört, ist eine unsichtbare Ebene. Der Mond ist nur sichtbar, wenn die Sonne (das Bewusstsein) ihn beleuchtet, also wenn man seine Aufmerksamkeit darauf lenkt. Damit sie aber so oder so zur Erfüllung ihrer Bedürfnisse kommt, braucht diese Ebene eine Unterstützung, die so stark ist wie Triebe und Instinkte, die ohne Unterstützung unsererseits funktionieren müssen und sich holen, was sie brauchen.

Je jünger ein Kind ist, desto unbewusster ist es noch, weshalb gerade dort die Instinkte sehr stark sein müssen. Deshalb sind Kinder auch sehr mondhaft, wechselhaft, triebhaft, weinen schnell und lachen leicht. Je länger ein Kind lebt, umso bewusster wird es. Es kann seine Bedürfnisse formulieren und zunehmend auch selber erfüllen. Als Erwachsene und somit Erwachte, haben wir Bedürfnisse, sind also immer noch auch Kind, denn der Mond verschwindet ja nicht, aber das Instinktive und Emotionale tritt in den Hintergrund, es wird vom wachsenden Bewusstsein überdeckt.

Damit es uns leichter fällt, die Bedürfnisse unseres nun „inneren, unsichtbaren Kindes" – unsichtbar, weil es äußerlich nicht mehr zu sehen ist – wahrzunehmen, bekommen wir Kinder. Indem wir uns um die sichtbaren physischen Kinder kümmern, kümmern wir uns automatisch um unser eigenes inneres Kind. Im psychologischen Horoskop tritt deshalb der Mond als Mutter, als auch als Kind auf. Wir bekommen Kinder, die exakt den eigenen unbewussten Bedürfnissen entsprechen. Auch hier zeigt sich wieder die gegenseitige Abhängigkeit.

Wer die Bedürfnisse seines inneren Kindes missachtet, verliert mit der Zeit den Zugang zu seinen Gefühlen und somit zu einer Ebene, die einem mit Energie versorgt und regeneriert. Nur Sonne, Tag, Bewusstsein, Intellekt, ohne die stille, magische Kraft des Mondes bzw. die Regeneration in der Nacht während des Schlafs, würde uns innerhalb kurzer Zeit den Verstand kosten – und mit der Zeit das Leben.

Das Zeichen, in dem der Mond steht, ist uns also ein emotionales Bedürfnis (im Gegensatz zu den materiellen Bedürfnissen im Stier), welches wir instinktiv zu stillen trachten. Dort sind wir Kind, suchen Zuwendung, fühlen uns hilflos und stillen dieses Gefühl nicht zuletzt, indem wir für andere sorgen. Das Haus, wo er steht, ist der Lebensbereich, wo solche Bedürfnisse auftauchen.

Das sanfte Licht des Mondes, welches eigentlich von der Sonne kommt, verwandelt die Erde in eine geheimnisvolle Schattenwelt. Während das Bewusstsein schläft, betritt die unsichtbare Seele (der Mond) die Bühne und spricht zu uns im Traum. Nicht dass der Mond nicht auch am Tag am Himmel stünde, aber man sieht ihn kaum, solange es hell ist. Die Seele spricht nicht nur nachts, doch der sinnlichen Ablenkungen tagsüber sind viele und sie drängen alles Unsichtbare in den Hintergrund. In der Nacht ist das Tor zur unbewussten Ebene frei, wenn das Bewusstsein es nicht länger wie ein Wachhund bewacht. Nun kann die Seele aus dem Körper hinausschlüpfen und Energie tanken für den Tag, denn das Bewusstsein bezieht seine Kraft aus dem Unterbewusstsein.

Der Mond steht im psychologischen Horoskop einerseits für die Mutter, andererseits für uns als Kind. Oft ist jedoch auch Saturn die Mutter, bzw. der erziehende Elternteil, und der Mond das Kind. Im klassischen Horoskop stand er für „das Volk".

 ## Merkur

Der Götterbote, das Bindeglied

Um Sonne, Mond und Erde zu verbinden, braucht es jemanden, der schnell und flexibel genug ist, um zwischen den verschiedenen Komponenten vermitteln zu können. Dieser Jemand muss der Sonne wie auch der Erde nahe sein, und das trifft auf Planet Merkur zu. Er ist der sonnennächste Planet unseres Sonnensystems und so leichtfüßig und schnell, dass er den Zwillingen zugeordnet ist.

In der griechischen Mythologie ist Merkur Hermes, halb Mensch, halb Gott, mit geflügelten Stiefeln und Flügeln am Helm, in der Hand den Caduceus, den Heroldsstab, mit dem er Menschen in Tiefschlaf versetzen kann. Er ist der Gott der Händler, der Kaufleute, Diebe und Betrüger, Wege und Wanderer, der Herden, des Schlafes und der Träume, nicht zuletzt des Glückes – und ewig jugendlicher Herold und Bote der Götter, Vermittler zwischen ihnen und den Menschen.

Um so viele Eigenschaften vereinen zu können, bedarf es einiges an Geschicklichkeit und Schlauheit. Ebenso muss er redegewandt sein, und Hermes – alias Merkur – ist tatsächlich der Gott des Denkens und der Rhetorik. Zudem ist er Wegbegleiter, er begleitet die Toten in die Unterwelt.

Merkur ist immer unterwegs, die Gedanken fliegen Tag und Nacht umher und sind manchmal Zeitdiebe, wenn man es nicht schafft, sie zu sammeln und sich zu konzentrieren.

Der menschliche Anteil Merkurs symbolisiert die Verbindung zur Materie, sein göttlicher Anteil ist ein Symbol für seine Zugehörigkeit zum Himmel und zum Nichtmateriellen. Dass er in seiner griechischen Ausführung Menschen in tiefen Schlaf führen kann, bedeutet, er funktioniert in beide Richtungen, von innen nach außen, wie von außen nach innen. Wenn jemand einschläft, führt sein Denken, Merkur, ihn von außen nach innen. Die Toten, die in die Unterwelt geführt werden, ist ein symbolisches Bild dafür, dass wir den Körper verlassen, wenn wir aufhören zu denken, bzw. atmen.

Apathische Menschen setzen sich aus irgendeinem Grund nicht gedanklich mit sich und der Welt auseinander, sie atmen auch flach. Es ist, als wären sie lebendig begraben. Denken und kommunizieren ist also nicht zu unterschätzen. „Ich denke, also bin ich" ist ein Ausspruch des Philosophen Descartes, und er hat Recht! Bei Mongolismus läuft sehr viel innerlich ab, aber es kann nicht nach außen gebracht werden. Das bedeutet nicht, dass ein mongoloider Mensch dumm ist. Es bedeutet lediglich, dass er nicht wirklich am Leben teilhat, weil er sich nicht mitteilen kann.

Unsere rechte Hirnhälfte ist für das Unterbewusstsein zuständig, die linke für das Bewusstsein. Zwischen beiden gibt es eine Verbindung, damit die linke weiß, was die rechte tut und umgekehrt. Merkur ist dieses Zwischenstück, das es uns ermöglicht, übereinstimmend zu denken, zu handeln und zu fühlen. Wenn diese Verbindung nicht funktioniert oder nur teilweise, kann das zu Epilepsie führen. Folglich kann man Epilepsie möglicherweise an der Stellung Merkurs im Horoskop erkennen, was jedoch nicht heißt, dass jeder mit der gleichen Merkurstellung Epilepsie haben muss. Jedenfalls zeigt das einmal mehr, wie wichtig es ist, dass die beiden Gehirnhälften, bzw. die beiden Welten, die sichtbare und die unsichtbare, miteinander in Kontakt sind und zusammen kommunizieren. Wo Merkur steht, tritt etwas von innen nach außen, das heißt, es soll von innen nach außen treten. Mit anderen Worten: Wir sollen nachdenken, darüber reden, uns darüber austauschen, und zwar über das Zeichen, welches an dieser Stelle steht. Auf jeden Fall sollen wir uns dort öffnen, damit der Geist ein und aus fliegen kann. Er trägt nach außen, was im Inneren unbewusst schlummert, und dadurch können wir dieses wahrnehmen. Was wir über dieses Zeichen noch nicht wissen, lernen wir auf diese Weise kennen.

Das Zeichen, wo Merkur steht, zeigt ebenfalls, wie die Art unseres Denkens gefärbt ist. Wir kommen mit diesem Zeichen dank ihm in Kontakt. Dieser Teil von uns wird durch ihn zugänglich, oder wir verlieren den Zutritt, indem wir z.B. auf gewisse Weise darüber denken, so dass wir keine Lust haben uns damit zu befassen.
Das gleiche gilt für Personen und Situationen. Das Denken verbindet nämlich nicht nur, es kann genau so gut trennen, denn schlussendlich bestimmt die Art wie wir denken, wie sich unser Leben in der Materie gestaltet.

In den Zwillingen heißt es, unser Denken erschafft die Realität, in der wir leben. Die Zwillinge sind der Teil von uns, der lernt, der sich neugierig und wissbegierig aufs Leben und alles darin einlässt. Was im dritten Haus steht, darüber soll man sich austauschen und Gedanken machen, und wo Merkur steht, sollen wir uns einlassen. Er zeigt die Art, wie wir denken und kommunizieren.

Merkur verbindet uns also mit anderen und überhaupt mit der Welt. Er zeigt, was wir von ihr und von uns halten. Unser Verstand findet Lösungen für Probleme, und wir wachsen als Folge davon über uns hinaus. Überlegenheit kommt von überlegen. Wer viel überlegt, hat einen wachen, lebendigen Geist, der weiß und kann mehr – und hat mehr vom Leben.

 **Venus**

Die Verführung der Sinne

Planet Venus erhielt den Namen der Göttin der Schönheit und der Liebe, griechisch Aphrodite, weil er der schönste, hellste Stern an unserem Firmament ist, egal, ob er als Abendstern oder als Morgenstern auftaucht. Sein Licht leuchtet gleichmäßig und ruhig nahe dem Horizont, so dass man das Gefühl hat, man brauche nur die Hand auszustrecken, um ihn berühren zu können.

Planet Venus leuchtet so hell, weil er einerseits von allen Planeten derjenige ist, welcher der Erde am nächsten kommen kann. Zudem ist er wie Merkur nahe der Sonne und besitzt eine dichte Wolkendecke, die das Licht der Sonne stark reflektiert. Venus und Merkur stehen deshalb im Horoskop nie sehr weit von der

Sonne entfernt. Venus ist der einzige Planet, mit einer nahezu kreisförmigen, harmonischen Umlaufbahn.

Die Gattin des Mars ist die Urmutter der Venetier, deren Stadt Venedig ist. Auch die Schönheit dieser Stadt ist weltberühmt. Da sie der Erde so nahe kommt und ihr helles Licht uns anzieht, ist sie dem Stier, dem Frühling, der Materie zugeordnet.

Zwar erschafft der Mensch sein Leben mit seinem Geist, es ist jedoch der Körper, der darin lebt. Materie ist zwar eine Äußerlichkeit, die gehegt, umsorgt und gepflegt werden will. Aber das irdische Dasein zu lieben und zu pflegen, ist Teil des göttlichen Plans, denn die Liebe zur Materie weckt in uns höhere Stufen der Liebe, wovon die spirituelle, bedingungslose Liebe die letzte Stufe darstellt.

Wer offenen Sinnes durch die Welt geht, die er sich geistig erschaffen hat, kann sich nur freuen und staunen über so viel (materielle) Schönheit. Sie mit allen Sinnen wahrzunehmen, ist ein Genuss, und wir tanken durch die Hingabe ans Leben Energie, die Mars nachfolgend zum Handeln braucht.

Venus ist die Zeit der Blüte, die wunderschöne junge Frau, das soeben erblühte Mädchen. Sie ist die Liebe zu Düften, zu sinnbetörenden Sonnenuntergängen, zu köstlichen Gaumenfreuden. Es geht ebenso um Zärtlichkeit, weil sie zum Streicheln verlockt, zum Umarmen und zu körperlicher Nähe. Dank Venus erblühen wir selbst wie Blumen, die scheinbar nichts anderes tun, als die Schöpfung und ihr Dasein zu genießen. Dabei haben Duft und Farbe der Blüten einen ganz bestimmten Zweck, sie locken Insekten an, die allein dadurch, dass sie den Blütennektar genießen, für die Fortpflanzung sorgen.

Offensichtlich steuert die Venus einen wichtigen Teil zur Erhaltung des Lebens bei, und zwar nicht nur in Flora und Fauna, sondern auch beim Menschen. Wären wir in der Jugend nicht venusisch, würden wir einander nicht anziehen. Wir hätten keine Lust, einander nahe zu kommen und zu berühren, und somit würde nichts aus der Fortpflanzung. Das Venusische nimmt ab, wenn die Fruchtbarkeit vorbei ist, an ihre Stelle treten Jupiter und Saturn, Weisheit, Reife und Bewusstsein.

Die Sonne sorgt im Horoskop für mehr Bewusstsein, der Mond öffnet uns für das Unsichtbare, Merkur denkt über das Dasein nach und Venus liebt und genießt dieses Dasein. Wo sie im Horoskop steht, will sie uns verführen, anlocken, dort sollen wir unsere Sinne öffnen und uns einlassen, obwohl oder gerade weil vergänglich ist, was wir damit erfassen. Sie gibt Auskunft darüber, wie wir mit Materie umgehen, wie sehr wir sie schätzen können. Venus will uns im Horoskop etwas nahe bringen, nämlich das Zeichen, in dem sie steht. Sie verführt uns dazu, dieses zu berühren und uns davon berühren zu lassen.

Nur wer Materie schätzt – und das lernen wir durchs Einlassen – hat es schön im Leben. Denn nicht zuletzt geht es doch darum, das Leben zu genießen, solange es dauert. Schönheit ist vergänglich, weil Materie vergänglich ist, auch das will Venus uns zeigen. Das ist noch ein Grund, zu genießen was das Zeug hält, aber ohne sich daran zu klammern. Was vergänglich ist, wie z.B. Schönheit oder Fruchtbarkeit, bleibt einem nicht erhalten, irgendwann muss man es hergeben.

Venus wird meist ebenfalls der Waage zugeordnet, der zweiten Zeitspanne, in welcher die Natur sich am schönsten und farbenprächtigsten kleidet, ein letztes Aufbäumen, bevor sie zum Winterschlaf ansetzt. Obwohl Isis die Venus in diesem Zeitabschnitt ablöst. Es ist, als wollte sie ein letztes Mal alles geben, bevor sie stirbt, als wollte sie darauf hinweisen, dass wahre, unvergängliche Schönheit von innen kommt, dass wir sie jenseits der Materie in uns selber finden sollen. Wir müssten sonst mit zunehmendem Alter verzweifeln, wenn der Körper verwelkt. Dabei lenkt sie uns erst dann nicht mehr vom Wesentlichen ab. Solange wir jung sind, sind Äußerlichkeiten äußerst wichtig, wie wir uns kleiden, schminken, parfümieren, dass wir attraktiv, eben anziehend wirken aufs andere Geschlecht. Würden wir da nicht eine Weile mitmachen, kämen wir der Materie – und uns als Mensch – nie auf die Spur. Somit gäbe es für uns auch keine geistige Weiterentwicklung. Deshalb: Lassen wir uns doch von Venus verführen und weiterführen, lassen wir (körperliche) Nähe zu, um Materie zu begreifen und schlussendlich vom Rad der Wiedergeburt, vom Kreislauf der Natur befreit zu werden.

Venus ist übrigens im Horoskop eines Mannes seine Anima, das zum Teil unbewusste innere Bild, das er von der Frau hat.

 **Mars**

In Bewegung bleiben

Mit Mars begann früher das Jahr, nämlich im März. Das astrologische Jahr beginnt immer noch mit seinem Zeichen, dem Widder, und zwar mit der Frühlingstagundnachtgleiche am 21. März.

Mars, griechisch Ares, ist der Vater von Romulus und Remus, nach denen die Stadt Rom benannt ist. Mars war das Idol der Römer, darum waren sie wahrscheinlich so kriegerisch, aggressiv und potent – und beherrschten Jahrhunderte lang die halbe Welt.

Mars, Planet der Krieger und Kämpfer, ist tatsächlich rot. Die Farbe Rot bedeutet Energie, Vitalität und Aggression. Um Leben, Liebe und Besitz zu verteidigen, würde der Mensch jederzeit kämpfen, Eindringlinge in seinen Lebensraum je nach Temperament sofort angreifen.

Aber Mars kann nicht nur Krieger sein, denn wer bestellt das Land, während er im Krieg ist? Also muss er das Schwert immer wieder beiseite legen und zum Pflug greifen, um seine Felder zu pflügen. Man kann nicht immer nur kämpfen, das geht mit der Zeit, wie die Erfahrung zeigt, auf Kosten der materiellen Existenz.

Aber beides, kämpfen und ackern, hat etwas gemeinsam, nämlich die Muskelkraft, die es dazu braucht. Und dafür ist Mars zuständig. Muskeln wollen aufgebaut und erhalten werden, und das geschieht durch Benutzung. Wer sich nicht bewegt, baut seine Muskeln ab, bis er irgendwann nicht einmal mehr ohne Hilfe aufstehen und herumgehen kann. Also braucht es Bewegung, um sich bewegen zu können, drum gibt es für Mars weder Rast noch Ruhe. Er ist immer aktiv, und jede Handlung, für die er Energie aufwendet, bringt Energie ein. Bewegung ist Leben, Stillstand der Tod – solange wir leben und am Leben bleiben wollen, müssen wir uns bewegen, im übertragenen wie im physischen Sinn. Deshalb ist Mars auch der Sportler.

Wo Mars im Horoskop steht, will er uns bewegen, in Bewegung bringen, falls wir stagnieren – und in Bewegung halten. Dort muss etwas laufen, müssen wir aktiv sein und uns aktiv mit den Themen des Zeichens befassen, in welchem er steht.

Das Zeichen zeigt, ob wir sportlich veranlagt sind und wie spontan wir handeln können, denn Mars ist ebenfalls der Impuls zum Handeln. Er will etwas tun, schließlich gehört er zum Widder und somit zum Willen. Er will erobern, seine Kräfte messen, sich durchsetzen und verteidigen. Er ist die Manneskraft, die Potenz im Horoskop des Mannes, die sich gern prügelt, um sich mit anderen zu messen. Das astrologische Zeichen für Mars ist das Symbol für den Penis.

Je nachdem, wo Mars steht, ergreift er die Initiative, löst etwas aus, ohne zu überlegen, was daraus entstehen, welche Gefahren dahinter lauern könnten.

In letzter Zeit ist oft die Rede von einer Besiedelung des Planeten Mars. Über ihn kursieren Gerüchte, es soll dort Pyramiden, Städte und gar ein Steingesicht geben. Letzteres wurde vor kurzem widerlegt, da man auf den neusten Aufnahmen mit besserer Auflösung erkennen konnte, dass es sich um eine natürliche Steinformation handelt.

Mars ist der Eroberer, nicht nur im kleinen Rahmen, er erobert und erforscht genau so gern die geheimsten Winkel fremder Welten wie auch der Erde. Es ist ihm gleichgültig, ob es sich um den Nordpol handelt, den Regenwald, ein neues Themengebiet oder einen fremden Planeten. Hauptsache, es handelt sich um Gebiete, die vor ihm noch keiner betreten hat. Sein Forscherdrang und seine Neugier motivieren und bewegen ihn. Es gibt immer noch etwas, was weder er noch sonst jemand kennt, aber das er kennen lernen möchte, wo er zum Pionier werden kann.

Wo Mars im Horoskop steht, ist außerdem unsere Motivation oder der Mangel an Motivation zu finden. Dort zeigt sich, was uns bewegt, und davon sollen wir uns bewegen lassen. Ganz gleich, ob es Gefühle sind (Krebs), oder der Wille (Widder), die Lust am Gestalten (Löwe) oder am Analysieren (Jungfrau). Motivation ist das A und O im Leben! Wenn wir morgens keinen Grund finden, aus dem Bett zu steigen, finden wir auch nicht die Kraft dazu. Das ist das Problem, wenn wir in den Ruhestand treten. Taucht nicht rechtzeitig eine neue Motivation auf, ein neues Gebiet, das zum Erobern reizt, hat das einen raschen Kräftezerfall zur Folge.

Dabei gäbe es immer etwas, was motiviert. Motivation liegt nicht allein in der Arbeit, die uns das Gefühl gibt, gebraucht zu werden, und mit der wir unser tägliches Brot verdienen. Es gibt unendlich vieles, was uns bewegen kann, sofern wir uns bewegen lassen.

Am wichtigsten dabei ist es, überhaupt in Bewegung zu bleiben, denn: Einen Wagen anzuschieben, der stillsteht, ist schwer. Hingegen einen Wagen zu schieben, der rollt, ist kinderleicht. Vor allem lässt er sich viel leichter steuern. Energielenkung ist nur möglich, wenn wir in Bewegung sind.

Mars zeigt ebenfalls, wie handlungsfähig wir sind, und ob wir uns durchsetzen können.

Mars erobert die Welt, in der er lebt, durch Entdeckung. Er will sie aber nicht besitzen, sondern Energie daraus gewinnen, weil Energie seine Entwicklung fördert, denn Vorwärtskommen bezieht sich sowohl auf die Fortbewegung auf der Erde als auch aufs symbolische Weiterkommen im Leben. Das Leben selbst ist in ständiger Bewegung, es steht niemals still. Auch wir sind in ständiger Bewegung, denn sogar, wenn wir uns nicht bewegen, bewegt sich der Zustand der Stagnation. Er bleibt nicht gleich, sondern engt immer mehr ein! Grund genug, nicht stehen zu bleiben. Mars macht mobil!

Im Horoskop der Frau steht Mars für den Animus, das zum Teil unbewusste innere Bild des Mannes.

Doch unser Handeln soll nicht ohne Sinn sein. Es geht schlussendlich doch nicht nur darum, irgendetwas zu tun, sondern: Was wir tun, muss Sinn machen, sinnvoll sein. Dann können wir auch dazu stehen. Das führt uns zu Jupiter.

Jupiter

Wachstum und Fülle

Irgendwann hat der Mensch seine Welt bis in den hintersten Winkel erforscht und stößt an ihre Grenzen. Da bleibt ihm nichts anderes übrig als seinen Blick zum Himmel zu richten, hoffend und glaubend, dass Materie nicht alles ist. Er beginnt nach mehr, nach Größerem, Höherem, nach Sinn und Wahrheit zu streben, wofür Jupiter zuständig ist.

Jupiter ist im Griechischen Zeus, der Göttervater, Schürzenjäger und oberster Gott im Olymp. Er herrscht über die Menschen gleichermaßen wie über Götter und Halbgötter, von denen er viele selbst gezeugt hat. Seine Größe findet in der Größe des Planeten Jupiter ihre Entsprechung, welcher der größte Planet unseres Sonnensystems ist.

Jupiter hat doppelt soviel Masse wie alle anderen Planeten zusammen und ist nach Sonne, Mond und Venus das vierthellste Licht am Himmel. Was wir für seine Oberfläche halten, ist keine feste Oberfläche, sondern ein gasförmiges Material, das mit zunehmender Tiefe immer dichter wird. Der eigentliche Planet ist in dieser Gaswolke verborgen, die wie bei Venus das Sonnenlicht spiegelt. Wenn Venus als Abendstern untergegangen ist, was relativ bald der Fall ist, leuchtet Jupiter am hellsten.

Wo Venus uns ins Schwelgen bringt und Mars in Aktion, regt Jupiter zum Philosophieren an. Wir beginnen unsere Handlungen. sowie unser ganzes Dasein zu hinterfragen. Dank Jupiter lassen wir uns nicht nur von marsischen Impulsen leiten, wir geben unseren Handlungen eine Richtung, wägen die Konsequenzen ab und halten uns dabei meist an eine innere Überzeugung. Was wir tun und was wir glauben, stimmt meistens überein.

Jupiter ist im Horoskop einer der Erziehungsanteile, Saturn ein weiterer. Unsere Überzeugungen, die Weltanschauung, sprich Religion, die Art, wie wir das Leben betrachten, und woran wir glauben, entspricht zuerst der unserer Eltern. Wir werden unter bestimmten Vorstellungen von Sitte und Moral erzogen, die sich von Gesellschaft zu Gesellschaft, von Volk zu Volk ändern kann.

Je weniger wir unsere Erziehung genossen haben, desto stärker wächst in uns aber das Streben nach Verbesserung. Unsere Kinder sollen es schließlich einmal besser haben, sich uneingeschränkter entwickeln und entfalten können etc. Und so beginnen wir die Überzeugungen, mit denen wir aufgewachsen sind, zu hinterfragen. Wir machen uns eigene Gedanken, statt die Wahrheiten und Vorstellungen anderer unbesehen zu übernehmen und nachzuleben.

Und wir geben das, was wir finden, ebenfalls an unsere Kinder weiter, die es hoffentlich ebenfalls hinterfragen. So expandieren und wachsen wir und später unsere Kinder und deren Kinder über jeden engen Horizont hinaus. Eng deshalb, weil alles, was nicht aus uns selber kommt, uns irgendwann einengt, es entspricht uns nicht. Wir folgen sonst immer den selben Grenzen, grasen auf der gleichen Wiese, ohne zu wachsen.

Wo Jupiter im Horoskop steht, will es wachsen. Dort sollen wir hinterfragen, uns Gedanken machen, Hintergründe, die Wahrheit, Sinn und Zusammenhänge suchen. Dort sollen wir uns keine Verhaltensregeln und Moralvorstellungen überstülpen lassen, sondern uns damit auseinandersetzen, herausfinden, ob das, was man so glaubt, auch der eigenen Überzeugung entspricht. Ob wir daran glauben können oder nicht.

Jupiter kann nämlich auch ein richtiger Moralist sein, ein Patriarch, wie Zeus, der anderen seine Überzeugung überstülpt und verlangt, dass sie befolgt wird. Er neigt wie der Schütze, dem er zugeordnet ist, zur Übertreibung. Doch bei jeder Überzeugung, der wir folgen, die nicht unsere eigene ist, heißt es irgendwann: „Der Geist ist willig, aber das Fleisch ist schwach". Wir können beim besten Willen nur dem gehorchen, was wir selber glauben. Das fällt uns nicht einmal schwer. Dort brauchen wir keine Verhaltensregeln, die uns den Weg weisen.

Wo Mars unseren Körper bewegt, bewegt Jupiter unser Leben. Alles im Leben wächst, Positives wie Negatives, Jupiter macht da keinen Unterschied. Er ist eine Art Verstärker für Schwingung. Dort, wo er sich im Horoskop befindet, lässt er es wachsen. Wir erfahren Erweiterung dadurch, dass wir uns darüber Gedanken machen, das Zeichen, in welchem er steht, in einem größeren Rahmen zu betrachten und die höheren Zusammenhänge zu suchen.

Jupiter ist als Herrscher des Schützen der Planet der Fülle. Wo er im Horoskop steht, hat es viel von etwas, aber wir sollten dafür sorgen, dass es nicht lediglich eine Unmenge, ein Übermaß an Material ist, sondern dass es erfüllt ist.

Erfüllung ist mit Sinnhaftigkeit verbunden, wer den Sinn findet, wo Jupiter steht, findet auch die Erfüllung, die Fülle! Der empfindet große Freude, wie immer, wenn Zusammenhänge entdeckt werden, durch die sich Begrenzungen und somit das persönliche Leben erweitern. Es geht also darum, die Nase vom Detail wegzunehmen, vom kleinen, materiellen Dasein, und von weiter oben auf das Leben – bzw. auf das Thema – zu schauen. Dann lässt Jupiter uns über die Materie und ihre Bedürfnisse hinauswachsen. Jedoch nicht durch Missachtung, sondern durch Erkennen und Verstehen.

Der Mensch wächst über sich, über das Ich, hinaus. Er unterliegt nicht mehr seinen „Trieben", sondern beherrscht sie, was Zeus in der Mythologie nicht immer gelang, aber das machte diesen großen Gott für die Menschen jener Zeit menschlicher. Wenn der höchste Gott Schwächen hat, muss man selber auch nicht perfekt sein.

Jupiter/Zeus erkennt Zusammenhänge, weil er von oben vom Olymp eine bessere Übersicht hat. Deshalb müssen auch wir die Themen des Zeichens, in dem er im Horoskop steht, in einem größeren Zusammenhang betrachten, von einer höheren Warte aus, um den Sinn darin zu entdecken.

Wenden wir uns also dem Himmel zu – und Gott, der im Himmel wohnt. Und wenn wir das tun, wird uns alle Fülle zuteil, die der Kosmos zu bieten hat. Von dort fließt uns zu, was wir brauchen, ganz einfach deshalb, weil wir mehr lieben, mehr Energie umsetzen als jemand, der ausschließlich in den irdischen drei Dimensionen lebt. Dort hat nichts einen Zusammenhang und das Leben anscheinend keinen Sinn. Wo kein Sinn ist, ist keine Fülle, keine Freude, und somit nur wenig Energie.

Man muss innerlich bereit sein, den Schritt zur wahren Größe zu wagen, denn: Ist das Himmelstor einmal durchschritten, gibt es kein Zurück. Wer einmal in größere Dimensionen vorgestoßen ist, dem ist die materielle Welt allein zu eng. Er kann nicht mehr sein kleines, unwissendes, unbewusstes, schlafendes Leben leben wie vor seinen Erkenntnissen.

Aber bevor wir im Himmel, auf dem Olymp einziehen können, müssen wir an Saturn vorbei, dem Schwellenhüter, der prüft, ob wir reif sind für die Wahrheit, wie viel von uns „göttlich" ist, also bewusst. Bewusst wird uns, was wir hinterfragen, wo wir den Durchblick haben. Sterbliche, also unbewusste Menschen, haben zum Olymp keinen Zutritt, man muss zumindest zur Hälfte göttlich sein.

 ## Saturn

Hüter der Schwelle

Kronos (Saturn) wurde in der griechischen Mythologie als Gott der Zeit und des Ackerbaus verehrt. Man feierte das Erntedankfest Kronia zu seinen Ehren. Der Sohn von Uranus (Himmel) und Gaia (Erde) entmannte seinen Vater mit einer Sichel und entthronte ihn damit, worauf Uranus seine Bedeutung verlor. Kronos hatte selbst sechs Kinder mit Rhea. Der Sage nach verschlang er fünf davon sofort nach ihrer Geburt, um nicht auch von seinen Kindern entmachtet zu werden. Das sechste Kind war Zeus (Jupiter), der diesem Schicksal entging, da Rhea Kronos stattdessen Steine zum Verschlucken gab. Die Symbolik dahinter: Der Gott der Zeit nimmt Unreifes (Kinder) auf (essen bedeutet aufnehmen, assimilieren, zu einem Teil von sich machen), wodurch es reifen kann. Er konserviert und hält am Alten, an Traditionen fest, lässt manchmal nichts Neues zu.

Saturn war in der „Goldenen Zeit" König von Rom, und man feierte das Fest „Saturnalia" nach der Einsaat Ende Dezember. Bevor Kronos und Saturn zu einem verschmolzen, handelte es sich angeblich um zwei verschiedene Götter mit unterschiedlicher Geschichte, aus denen Janus (Januarius, San Gennaro) mit den zwei Gesichtern wurde. Die beiden Gesichter machten ihn zum Schwellenhüter, weil er nun mit einem Gesicht nach innen schauen konnte, auf die innere, unsichtbare und unbewusste Ebene, und mit dem anderen nach außen in die Materie.

Saturn ist nichts Negatives, wie fälschlicherweise oft behauptet wird. Dieser Irrtum basiert darauf, dass man ihm als Gott des Schicksals die Schuld an Missernten und Hungersnöten zuschob. Ob die Saat aufging oder nicht, war wirklich schicksalhaft. Als Gott des Schicksals ist er zuständig für die Lektionen, die

Herausforderungen, die man im Leben zu bestehen hat, um an ihnen zu reifen. Sie treten von außen an uns heran, aber ihre Ursache ist in unserem Inneren zu finden. Deshalb schaut der Schwellenhüter nach innen und außen, damit er erkennen kann, wie und womit er sein Schicksal gestaltet.

Wer die Schwelle zum Unsichtbaren überschreitet, erkennt, dass er schon immer sein Schicksal selber gestaltet hat, indem er sich nach etwas streckte. Um den Himmel zu stürmen, muss man reif sein, und reif bedeutet bewusst. Es müssen bestimmte Lektionen bestanden werden, so wie in den Märchen, wenn jemand in die Welt hinaus zieht, um die Prinzessin zu befreien oder den Drachen zu bezwingen. Immer ist sein Lohn enorm, er überwindet große Standesunterschiede, heiratet die Prinzessin und wird oft sogar König. Aber: Ohne Fleiß kein Preis! So manche Reifeprüfung muss erst bestanden werden, damit man den „Himmel", seine Ziele erreichen kann.

Der Planet Saturn besitzt einen Ring aus Steinen, die ihn umkreisen. Wollen wir an ihm vorbei, müssen wir diese Hindernisse überwinden! Sie sind ein Symbol für die Herausforderungen und Hürden, die uns zufällig (im Sinne von zufallend) vom Schicksal/Saturn in den Weg gestellt werden. Sie hemmen unseren Lauf, wir müssen anhalten und eine Standortbestimmung machen. Wo ein Hindernis ist, sollen wir nicht resignieren, sondern stehen bleiben und uns damit auseinandersetzen. Steine auf unserem Weg sind Geschenke des Himmels, Hilfsmittel zum Wachsen und Reifen. Wenn man sagt, man werfe jemandem einen Stein in den Garten, bedeutet das, man tut ihm einen Gefallen. Die gleiche Aufgabe haben die Steine Saturns auf unserem Lebensweg.

Steine haben noch eine weitere Funktion, nämlich die der Klärung und der Reinigung. Wasser reibt sich beim Versickern auf seinem Weg durch den Boden an Steinen. Die Verunreinigungen, die es aus der Luft aufgenommen hat und es beschwert haben, so dass es vom Himmel fiel, werden abgerieben. Es wird wieder leicht und taucht als sauberes Quellwasser an die Oberfläche, wo es zu Wasserdampf verdunstet. Mit uns geschieht im Grund das Gleiche. Wir brauchen solche „Steine", um „sauber" zu werden, leicht, licht, bewusst, damit wir wieder zum Himmel aufsteigen können.

Dank Jupiter und seinen Erkenntnissen sind wir über uns hinausgewachsen, und ist die Zeit reif, überschreiten wir die Schwelle und lassen Raum und Zeit, die Materie hinter uns. Bis dahin verlangt Saturn als Herrscher des Steinbocks von uns Geduld und Disziplin. Haben wir uns an einer Hürde auch schon hundert Mal versucht, müssen wir dranbleiben bis es gelingt. Es braucht Disziplin, um nach jedem erreichten Ziel ein neues auszumachen und jedes Mal von vorne zu beginnen.

Wo Saturn im Horoskop steht, verlangt er Disziplin. Dort sind wir aufgefordert, trotz Rückschlägen dranzubleiben, aber nicht mit Härte oder Rücksichtslosigkeit, sondern mit Ausdauer und Hartnäckigkeit. Manchmal versuchen wir es nicht auf die richtige Weise, oder nicht an der richtigen Stelle. Saturn bremst und hemmt, um in andere Bahnen umzulenken. Wo Türen sich verschließen, öffnen sich andere.

Saturn wirkt im Horoskop wie ein Stolperstein. Dort müssen wir innehalten und Prüfungen bestehen. Und mit jeder bestandenen Prüfung steigen wir in eine höhere (Bewusstseins-) „Klasse" auf, mit neuen Aufgaben und Herausforderungen. Aber wir können uns darauf verlassen, dass nichts von uns verlangt wird, was wir nicht können. Geprüft wird, was wir gelernt haben.

Saturn steht auch für die Erziehung und die Wahrnehmung der Person, die einen erzieht oder erzogen hat. Erziehung ist eine Art Lenkung. Einerseits muss ein Kind die Möglichkeit haben, seine Erfahrungen zu machen. Man darf ihm weder Hindernisse wegräumen, noch zuviel oder zuwenig Verantwortung zumuten. Es muss aus Fehlern lernen können.

Andererseits braucht es Anleitung, Verhaltens- und Umgangsregeln, so genannte Normen, was man darf und was nicht, also Gesetze, die das Leben ordnen. Wenn sie fehlen und alles erlaubt ist, wirkt sich das negativ auf unsere Entwicklung aus. Es fehlt der Halt (Rückgrat, Wirbelsäule), welcher eine Anleitung bietet. Und eine solche Anleitung für unser Leben ist das Schicksal, welches wir zu ergründen versuchen, um dadurch Halt zu finden.

Saturn verlangt keinen Perfektionismus, sondern will, dass wir aus allem etwas lernen und einfach wieder aufstehen, wenn wir auf die Nase fallen. Saturn ist ein harter Lehrmeister, aber gerecht, der einen nicht mit Samthandschuhen anpackt. Durch ihn erlangt man Meisterschaft, weil er einen dazu bringt, sich nicht so leicht zufrieden zu geben.

Um in höhere Sphären aufzusteigen, braucht es nebst Ausdauer wieder Disziplin. Wenn wir es nicht schaffen, unser Lebenswägelchen über Stock und Stein zu lenken, wenn wir „kein Rückgrat" haben, erhalten wir keine zusätzlichen PS (Pferdestärken wie ein Auto), weil wir sie nicht beherrschen könnten. Aber nicht nur Raketen brauchen viel Saft, um die Schwelle zum Kosmos übertreten zu können, wir ebenfalls.

 **Uranus**

Der Reformator und Defibrillator

Uranus war der Urvater des Universums, der erste Herrscher und früheste Gott des Himmels. Ihn kennen wir als einzigen unter seinem griechischen Namen, auf römisch würde er „Coelus" heißen, beides bedeutet „Himmel".

Wann Uranus in Vergessenheit geriet, ist unbekannt. Jedenfalls war er in der Mythologie eifersüchtig auf seine zahlreichen Kinder, die er mit Gaia gezeugt hatte. Er befürchtete, dass sie ihm den Thron streitig machen könnten, was sich später bewahrheitete. Darum versteckte er einen Teil davon im Tartaros, dem dunkelsten Teil der Unterwelt, was Gaia missfiel. Sie schenkte ihrem jüngsten Sohn, Kronos (Saturn), einer der Titanen, eine diamantene Sichel, mit der er seinen Vater entmannte.

Es scheint als wäre Uranus dadurch in höhere geistige Sphären entschwunden, zu denen wir lange Zeit von der Entwicklung her keinen Zugang hatten. Zeus, sein Enkel, übernahm die Stelle des Göttervaters.

Als William Herschel Uranus 1781 wieder entdeckte, herrschte eine Zeit der (französischen) Revolution und des Umbruchs, wozu Uranus die entsprechende Schwingung besitzt. Er ist der erste Planet nach der irdischen Schwelle, die wir gerade hinter uns gebracht haben, und demnach frei von allen irdischen

Gesetzen, jenseits jeder Norm, denn Norm hat mit Mutter Erde (Gaia) zu tun. Im Kosmos herrschen eigene Gesetze! Hier gibt es weder Konvention noch Tradition (Saturn), weder Religionszugehörigkeit noch Dogma (Jupiter). Im Himmel herrscht absolute Freiheit, was uns unvertraut, ja fremd anmutet nach all den Vorschriften Saturns.

Die fremdartigen Kinder, die Uranus schuf, Titanen, riesige Zyklopen mit einem Auge auf der Stirn, und seine ersten Kinder, die Hekatoncheiren (von griech. ‚hekatos' – Hundert und ‚cheiros' – Hand = Hundertarmige), die so hässlich waren, dass er sie unter die Erde sperrte, zeugen von der Vielfalt an Inspiration, die Uranus in seiner Schöpferkraft an den Tag legt. Sogar das Blut, das aus seinen Wunden auf die Erde tropfte, verwandelte sich zu den letzten zwei Rassen, den Giganten und Erinnyen.

Die Fruchtbarkeit des Uranus ist eine Fruchtbarkeit des Geistes, und das ist das Bahnbrechende, welches alles auf den Kopf stellt, was bisher normal war. Wo keine Inspiration ist, einem nichts einfällt, kann auch nichts erschaffen werden. Der entmannte Uranus ist nicht mehr polar, nicht stofflich, deshalb können wir ihn physisch nicht erreichen, nur mit dem Geist. Wir müssen ebenfalls „entmannt" werden, um geistig zeugen zu können, was beim Übertreten der Schwelle symbolisch geschieht. Wo die Einweihung Saturns in die Geheimnisse der Materie beginnt, endet die persönliche, physische Welt. Ab jetzt bewegen wir uns in Dimensionen, die auch mit Körper in einer Lebensspanne gar nicht zu durchmessen wären.

Der Übertritt findet nicht allmählich oder schrittweise statt, die Erkenntnis trifft uns wie e n Stromschlag, das Wissen durchzuckt uns wie der Blitz und stellt unser Leben auf den Kopf. Im Tarot ist die Karte des Uranus „der Gehängte", der freiwillig mit dem Kopf nach unten hängt, seine Beine bilden die Zahl vier, die für Materie steht. Die Materie steht auf dem Kopf, man hat einen um 180° anderen Blickwinkel, was die Sicht verändert und den Kopf durchblutet. Das Denken wird lebendig, die alten Sicht- und Denkweisen fallen auf einen Schlag.

Sind wir reif, um über die Schwelle zu treten, sind wir auch reif, um selbständig zu denken. Und das ist in der Weite des Kosmos nötig, weil uns dort keiner sagt, was richtig und was falsch ist. Damit beginnt jedoch die Freiheit, weil frei ist, wer sich mental nicht einschränkt. Es sind nicht gesellschaftliche Einschränkungen, die uns zu schaffen machen, sondern die eigenen geistigen, beschränkten Sicht- und Denkweisen, die Art wie wir uns und das Leben betrachten. Deshalb ist die Wirkung für den Gehängten so enorm, diese völlig andere Perspektive befreit seinen Geist. Er hört auf, auf die immer gleiche Weise zu funktionieren und macht sich auf zu neuen Horizonten.

Wer frisch und lebendig bleiben will, muss sich immer wieder neuem Gedankengut stellen, das Denken allein hält nicht jung und beweglich, das schafft nur flexibles, inspiriertes Denken. Was uns elektrisiert – ein anderes Wort für Inspiration – sind Einfälle und Ideen, und die fallen dem zu, der für alles offen ist. Durch sie haben wir Spannung im Alltag – und vor allem Spannkraft im Körper.

Wo Uranus im Horoskop steht, muss frischer Wind hinein, dort fehlt es am „göttlichen Atem". Das Zeichen, in dem er steht, braucht eine Art Wiederbelebung wie mit einem Defibrillator, einem Gerät, das durch einen Stromschlag das Herz reanimiert. Dort denken wir zu eng, zu festgefahren, zu normal und somit beschränkt. Da braucht es Strom – oder noch besser Uran –, um Atome zu spalten, welche wir für die kleinsten Moleküle der Materie hielten. Durch das Spalten entfaltet sich eine enorme Kraft, was unsere Vorstellung von der Materie schlagartig verändert hat. Jede neue Möglichkeit, die wir in Betracht ziehen, macht uns ein Stück freier, verrückt unser Verständnis von der Welt und uns selbst ein Stück mehr.

Zwar atmen wir alle die gleiche Luft und sind dadurch miteinander verbunden, doch Rhythmen gibt es wie Sand am Meer. Wo Uranus steht, müssen wir unseren eigenen Rhythmus finden, ganz wir selbst sein und sehr wahrscheinlich gegen den Strom schwimmen, schließlich wird er dem Wassermann zugeordnet. Obwohl wir auf der Ebene des Uranus alle eins sind, entfalten wir hier unsere wahre, unverwechselbare Individualität, die uns zuerst ebenfalls noch fremd ist, aber auf jeden Fall fremd macht für andere. Wer aus der Reihe tanzt, stößt auf Unverständnis, ja sogar Ablehnung, weil er durch sein eigenartiges Verhalten das, was alle anderen tun, in Frage stellt. Aber die Einweihung war schon eine einsame Sache, wir haben uns daran gewöhnt, allein gegen den Rest der Welt zu stehen.

Dort, wo Uranus steht, ist mit Unruhe zu rechnen. Er geht uns auf die Nerven, ist unbequem und nervös. Er wirft uns aus der gewohnten Bahn, stört unseren gewohnten Rhythmus, so dass wir einen neuen, lebendigeren Rhythmus suchen, die alten überholten Bahnen verlassen und neue versuchen. Er elektrisiert uns, damit wir aufwachen und die Revolution in Angriff nehmen, den Kopfstand wagen, damit wir endlich nach innen blicken, was er eigentlich bezweckt. Eine Revolution ist immer eine plötzliche Veränderung der Normen, des Normalen, eine Reform, die dem neuen Zeitgeist besser entspricht. Von Zeit zu Zeit sind solche Reformen einfach nötig. Auch was lange Zeit gut war, ist irgendwann überholt bis scheintot. Dann tritt Uranus auf den Plan – und haucht diesem neues Leben ein.

 ## Chiron

Der Schlüssel zur Selbstheilung

1977 wurde ein seltsames Gebilde entdeckt, welches man Chiron nannte. Chiron sieht mehr wie ein Komet aus als wie ein Asteroid und besteht aus Gestein und Eis. Er wurde am Himmel zum Begründer einer ganzen Objektgruppe, den Zentauren. Seine Umlaufbahn pendelt zwischen Uranus und Saturn, weshalb die Aufenthaltsdauer in den verschiedenen Sternzeichen von gut einem Jahr bis zu neun Jahren variieren kann. In ungefähr fünfzig Jahren schafft er es einmal um die Sonne.

Zentauren sind wilde, triebhafte und ungezügelte Kerle, halb Mensch, halb Pferd. Allein Chiron hatte seine tierischen Instinkte überwunden und wuchs über sie hinaus. Er war gütig und sanft und lehrte die Menschen, unter anderem Achilles, viele Künste. Man heißt ihn Arzt und Heiler, bisweilen sogar Schamane. Das spricht für die Zuordnung zur Jungfrau, wo er Merkur in seiner Doppelrolle ablöst.

Saturn ist der letzte der persönlichen, Uranus der erste der überpersönlichen Planeten, demnach verbindet Chiron das Irdische mit dem Überirdischen. Diese Symbolik wiederholt sich in seinem Zentaurenkörper. Der menschliche Oberkörper, der aus dem tierischen Unterleib hinauswächst, der Mensch stößt dank der ihm innewohnenden Kraft des Triebhaften, des Instinktiven in höhere Dimensionen vor.

In der Mythologie wurde Chiron unabsichtlich vor einem vergifteten Pfeil seines Freundes Herkules verwundet, während dieser gegen die Zentauren kämpfte. Weder konnte die Wunde wegen dem Gift helen, noch war es Chiron als Unsterblichem vergönnt, von seinen Qualen erlöst zu werden, bis Prometheus, mit der Erlaubnis von Zeus, seine Sterblichkeit gegen Chirons Unsterblichkeit eintauschte. Kann ein Körper nicht mehr repariert werden, bedeutet der Tod Erlösung und Heilung zugleich.

Gerade durch seine Verletzung wurde Chiron zum Heiler – Gesunde kommen nicht darauf, sich mit Heilung zu befassen. Man kann es nur nachfühlen, wie es sich anfühlt krank zu sein, wenn man es am eigenen Leib erfährt, wer leidet sucht gezwungenermaßen nach Heilungsmöglichkeiten.

In den siebziger Jahren wurden zur Zeit von Chirons Entdeckung alternative Heilmethoden wie Handauflegen (Touch for Health) usw. aktuell. Man begann sich allgemein mehr für die Hintergründe von Krankheiten zu interessieren und dafür, die Verantwortung zu übernehmen. Es braucht im Grunde keine speziellen Medikamente oder Therapien – Heilung bedeutet immer, die Selbstheilung zu aktivieren. Ein Medikament kann die Heilung unterstützen und erleichtern, weil es einem damit physisch scheinbar besser geht, Schmerz gelindert wird und dadurch mehr Kraft vorhanden ist. Auch, weil wir etwas haben, von dem wir denken, dass es hilft. Wir vertrauen Medikamenten und Ärzten oft leichter als unserer eigenen Selbstheilungsfähigkeit.

Chiron ist ein Heiler – aber was tut eigentlich ein Heiler? Er analysiert eine Situation oder Körpersymptome, er beobachtet ganz exakt und präzise, was nicht funktioniert, woran es fehlt, und liefert den Schlüssel zur Heilung, findet den fehlenden Stoff oder das fehlende Teil. Chiron macht eine Anamnese und stellt eine Diagnose, er deckt Fehlverhalten im Leben auf – oder einen fehlenden Stoff, ein Vitamin im Körper, wovon nicht genügend vorhanden ist. Die Korrektur muss der Patient selbst vornehmen, er muss sein Verhalten ändern, sich den fehlenden Stoff zuführen usw. – die Ausführung liegt ganz in seiner Hand und Verantwortung.

Chiron steht für das unter Umständen winzige Detail, das Rädchen, das eine ganze Maschinerie zum Stillstand bringt, wenn es nicht funktioniert. Er muss äusserst pedantisch und pingelig sein, wenn er eine so winzige Ursache finden will. Darum ist er so kritisch, schließlich muss er die Nadel im Heuhaufen finden, den womöglich winzigen Schlüssel zu Unpässlichkeiten, zu allem, was in unserem Leben nicht funktioniert, so winzig wie Viren und Bakterien. Es wirkt nüchtern und tut oft weh, wenn er den Finger auf eine Wunde legt, damit wir sie wahrnehmen können.

Genau so kritisch, pingelig und pedantisch müssen wir sein, wo Chiron im Horoskop steht. Dort haben wir eine Verletzung, eine Wunde, die analysiert werden will. Dort fehlt uns etwas oder machen wir etwas falsch, und das muss korrigiert werden. Schmerz führt uns zur Wunde – er hat eine Signalfunktion. Um die Wunde zu erkennen, müssen wir Abstand nehmen, neutral und unpersönlich hinschauen wie Uranus, für die Heilung bedarf es der Disziplin, Geduld und Ausdauer von Saturn. Deshalb schwankt Chiron in seiner Umlaufbahn vom einen zum anderen.

Die Heilung selbst, wenn die Ursache erkannt wurde, dauert meistens eine Weile, die Phase der Rekonvaleszenz, der Erholung braucht ihre Zeit, weil während dieser Zeitspanne etwas verändert und repariert werden muss. Das geschieht nicht so plötzlich wie das Entdecken des Mangels. Deshalb sind Wunderheilungen auch nicht ideal, weil zwar die Symptome sofort geheilt würden, aber die Ursache selten beseitigt wird.

Chiron ist gleichzeitig die Verletzung und der Schlüssel zur Heilung, wir müssen nie weit suchen, denn im Problem ist immer die Lösung enthalten. Man kann sogar sagen: Das Problem ist die Lösung! Verletzungen und Krankheiten sorgen bereits für die nötige Veränderung, sie lenken in die richtige Richtung. Chiron hat seine Verletzung erhalten, um Heiler zu werden, um in geistigere Sphären vorzustoßen und die Heilkunst weiterzugeben. Er gilt gleichzeitig als Begründer der Sternbilder, als er starb, wurde er als Sternbild an den Himmel versetzt, wo er eine höhere Form der Unsterblichkeit, eine vergeistigte Form, erlangte. Vorher war er physisch unsterblich, was viel unbedeutender und wirkungsloser war. Auch der Mensch erfährt diese Vergeistigung durch Krankheit.

 **Neptun**

Der sechste Sinn

Neptun umgibt etwas Geheimnisvolles, denn Astronomen erahnten seine Existenz bereits lange vor seiner Entdeckung im Jahr 1846, die ohne das vorgängige Umdenken durch Uranus nicht möglich gewesen wäre. Uranus sprengte die bestehende Vorstellung unseres Sonnensystems, welches bis dahin bei Saturn endete. Die Vermutung über die Existenz eines weiteren Planeten entstand aufgrund der Beobachtung, dass die Umlaufbahn des Uranus nicht mit den Newtonschen Gravitationsgesetzen übereinstimmte. Dass ein Planet sie beeinflusst, war eine logische Erklärung dafür. Und so war Neptun, obwohl für das Auge unsichtbar, auf andere Art wahrnehmbar, und darum geht es. Um ihn erfassen zu können, müssen wir die Augen schließen. Wir sind bereits vorbereitet für die Begegnung mit dem Unfassbaren, denn seit der 180°-Wende durch Uranus schauen wir auf die innere, die nichtstoffliche Ebene, wo die physischen Sinne versagen.

Neptun ist der griechische Poseidon, Herrscher der Meere, Bruder des Zeus. Zwei seiner berühmtesten Kinder sind Pegasus, das geflügelte Pferd, und Atlas, der die Welt auf seinen Schultern trägt. Wurde Poseidon wütend, konnte er die Meere aufwühlen und Erdbeben erzeugen, was sicher oft vorkam, denn er hatte ein ausgesprochen sensibles Gemütsleben. Neptun/Poseidon wurde meist blau dargestellt, mit blauen Haaren und blauer Haut.

Der Gasplanet Neptun erscheint im Fernrohr ebenfalls blau, die Farbe, die wir mit Wasser assoziieren. Es ist einerseits Methan, das seine Wolken blau färbt, andererseits ein weiterer, noch nicht identifizierter Stoff.

Neptun hat die stärksten Winde von allen Planeten unseres Systems, mit einer Geschwindigkeit von bis zu 2.000 km/h – eine gewaltige, unsichtbare Kraft! Das Ego glaubt: Was unsichtbar ist, existiert nicht. Dabei ist Unstoffliches einfach für die fünf Sinne nicht erfassbar, was das Ego verwirrt, befremdet und diffuse Ängste auslöst. Bewegungen auf der unsichtbaren Ebene können eine enorme Wirkung haben, wie man am Beispiel eines Tsunami sehen kann. Ein Tsunami ist die Folge von Bewegungen am Meeresboden, die wir an der Oberfläche gar nicht erkennen. Aber er zeigt verheerende Wirkungen an den Küsten, weil die

Kraft, die aus dem Untergrund (der inneren Ebene) kommt, sich immer mehr aufbaut. Um Tsunamis und andere Flutwellen rechtzeitig erkennen zu können, erfinden wir Sensoren. Neptun ist für uns ebenfalls ein Sensor, der Bewegungen auf der inneren Ebene wahrnimmt.

Neptun/Poseidon herrscht also nicht nur über dem Wasser, sondern auch darunter, wo eine fremdartige Welt existiert, mit gedämpftem Licht, schönen Farben und eigenartigen Tönen, mit fließenden Bewegungen, wo alles mit allem verbunden ist. Schallwellen, die Fische aussenden, sind kilometerweit zu hören. Sie fließen ungehindert überallhin. Wirft man einen Stein ins Wasser, zieht er Kreise, die immer größer werden.

Was sich auf der inneren Ebene tut, können wir wahrnehmen, aber eben nur mit der übersinnlichen Wahrnehmung, dem sechsten Sinn. Hellsehen und Hellhören ist keine Frage der Entwicklung – jeder kann es, der seine Augen schließt und nach innen horcht. Jeder hat einen Neptun im Horoskop. Hellsehen heißt nichts anderes, als sich innerlich bewegen zu lassen. Man muss lediglich am Verstand vorbei, der das Tor zur inneren Ebene bewacht.

Doch es braucht keine Drogen, um sich am Verstand vorbeizuschmuggeln, man muss vielmehr etwas lassen, nämlich die Kontrolle, z.B. durch Meditation oder Musikhören etc. – und das ist nicht einfach. Es fällt uns leichter, etwas zu tun als zu lassen. Dabei sind wir mit geschlossenen Augen automatisch unter Wasser, auf der inneren Ebene. Aber unser Denken darf die Wahrnehmung dort nicht interpretieren, sonst tauchen wir wieder auf.

Was uns dort hinführt, ist die Sehnsucht, wir sehnen uns zurück nach der Verbundenheit im Mutterleib, die wir mit allem empfanden, und die mit der Geburt zu enden schien. In der Materie sind wir isoliert, es bleibt uns nur die Erinnerung an Geborgenheit, gedämpftes Licht und sanfte Töne.

Wo Neptun im Horoskop steht, sollen wir etwas instinktiv erfassen. Dort sollen wir uns nicht von Äußerlichkeiten ablenken lassen, sondern unseren Ahnungen und Eingebungen folgen. Dort bewegt sich etwas im Untergrund, das wir erfühlen sollen. Damit uns das leichter fällt, hüllt Neptun es in Nebel, bedeckt es mit einem Schleier, so dass uns nichts anderes übrig bleibt, als es intuitiv zu erfassen.

Wie ein Detektiv macht sich unsere Spürnase daran, das Rätsel zu lösen, das mit dem Zeichen verbunden ist, wo er steht.

Das Geheimnisvolle zieht uns magisch an, Rätsel wollen von uns gelöst werden, sie machen uns neugierig. Der Nebel verleitet zum Hinsehen, auch wenn wir selbst etwas von uns verstecken oder verschleiern. Das zieht das Augenmerk anderer erst recht auf sich. Wo Neptun steht, will etwas von innen nach außen fließen, in Fluss kommen, wir haben dort Zugang zu anderen, feineren Ebenen.

Natürlich sind wir oft unsicher darüber, ob wir uns in dem, was wir wahrnehmen, täuschen, uns belügen oder etwas vormachen. Neptun kann wie eine Brille mit dunkeln oder rosaroten Gläsern wirken, was zu einer Verfärbung oder Verzerrung der Wirklichkeit führt. Die Fantasie spielt uns zusätzlich Streiche und geht ständig mit uns durch, aber je mehr wir diesen Sinn trainieren und uns darauf einlassen, umso besser gelingt die Wahrnehmung. Wir werden mit dem Unfassbaren immer vertrauter, worauf auch die schon erwähnten diffusen, nebulösen Ängste schwinden, die das Ego plagen, wenn es um Unfassbares, Neptunisches geht. Pluto wird schon prüfen, was echt und was Illusion oder Selbstbetrug ist, denn nur das Echte hat Bestand. Alles andere wird eingestampft, um daraus etwas Neues zu erschaffen.

 **Pluto**

Der Zauberer

Am äußersten Rande unseres Sonnensystems zieht Pluto seine Kreise. Er ist von der Masse her unser kleinster Planet, es gibt sieben Monde in unserem System, die größer sind als Planet Pluto. Dafür ist er derjenige mit der größten Wirkung, denn wie in der Homöopathie potenziert sich die Kraft, je mehr sie sich auf die unsichtbare Ebene verlagert.

Ob Pluto zu unserem Sonnensystem gehört oder nicht, darüber streiten sich die Astronomen heute noch. Energetisch ist seine Zugehörigkeit unbestritten und aus der astrologischen Deutung ist er als Herrscher des Skorpions nicht wegzudenken. Aus seiner Sicht ist die Sonne unendlich weit entfernt, ein kleines Licht in der eisigen Dunkelheit, welches ihn magisch anzieht, so dass er darum seine Kreise ziehen muss, ob er will oder nicht. Auch wir selbst, alles in uns, was unsichtbar und unbewusst ist, strebt danach, erkannt zu werden, ans Licht, ins Bewusstsein zu kommen. Gäbe es keine Dunkelheit, könnten wir das Licht nicht sehen, wären wir nicht unbewusst, würden wir nicht nach Bewusstsein suchen. Im Unbewussten liegt eine enorme Kraft, die automatisch in Richtung Bewusstsein drängt, Materie (Pflanzen, Bäume, Menschen) ist unbewusst und strebt deshalb nach Licht bzw. nach Selbsterkenntnis.

In der griechischen Mythologie ist Pluto Hades, der Gott der Unterwelt, sein Gehilfe Charon rudert die Toten über den Styx, den Fluss, der die Unter- von der Oberwelt, die Lebenden von den Toten trennt. Um in sein Reich zu gelangen, müssen wir also „sterben", den Körper ablegen wie ein Kleid – und alle Materie zurücklassen und loslassen, denn die „Unterwelt" ist nicht materiell. Sie ist die unsichtbare oder innere, die unbewusste Ebene. Aber nicht nur, wenn wir sterben, auch im Schlaf oder in der Meditation betreten wir diese Ebene.

Die Natur entledigt sich ebenso jedes Jahr ihres Kleids und zieht sich im nächsten Frühling ein neues an. Und mit jeder Wiedergeburt blüht alles noch üppiger, entfaltet sich noch mehr, wächst noch höher zur Sonne hinauf, weil es noch mehr Energie getankt hat, so wie wir im Schlaf und in der Meditation, da jeder Aufenthalt in der Unterwelt eine Regeneration zur Folge hat. Offenbar bringt uns jedes Sterben, auch wenn es vorübergehend ist, wie beim Meditieren, dem Licht näher, das Bewusstsein wächst. Der Tod ist nichts anderes als die letzte Transformation am Ende des Lebens, die im nächsten Leben ihre Fortsetzung findet.

Über die Zusammensetzung von Planet Pluto lässt sich nur spekulieren, denn keine Sonde drang bisher so tief in den Kosmos vor. Entdeckt wurde er 1930 (sein Mond Charon erst 1978) in einer Zeit der Rezession, vor dem zweiten Weltkrieg, weshalb ihm Tod und Zerstörung nachgesagt wird.

Dabei geht es überhaupt nicht um Zerstörung, sondern um Erneuerung. Aber woraus soll Neues entstehen, wenn nicht aus dem Alten? Die Wirtschaft war am Ende, eine Veränderung stand bevor. Da wir naturgemäß am Alten festhalten, empfinden wir Veränderungen als schmerzhaft, dabei ist es der innere Widerstand, der schmerzt und der das Neue dazu zwingt, sich mit Gewalt durchzusetzen.

In dieser Phase der Verwandlung kam der Nationalsozialismus an die Macht. Adolf Hitler konnte die Massen mühelos mit seiner Vision einer besseren Zukunft begeistern, einer heilen Welt – weil sie unbewusst in jedem verborgen ist. Sie erwacht in schweren Zeiten und wird dann zum Licht, das die Dunkelheit erhellt. Solange es uns gut geht, streben wir nach nichts und kommen in der Bewusstseinsentwicklung kaum weiter, also braucht es Phasen der Dunkelheit, die uns dazu zwingen, „heller" zu werden.

Scheinbar haben Leute wie Hitler und die Nazis Macht über andere. Jedoch sind sie genau so Teil des göttlichen Plans und stellen sich – ohne es zu wissen – anderen für ihre Entwicklung zur Verfügung, wie wir alle auch. Die Außenwelt ist der Spiegel des Unsichtbaren – werden Gedanken und Gefühle unterdrückt, wird das dort sichtbar. In Wahrheit hat niemand außer uns selbst Macht über unser Leben. Nur sind wir eben größtenteils unbewusst, handeln, denken und fühlen wie im Schlaf, woraus unsere Ohnmacht resultiert. Die entsprechenden Erfahrungen machen uns das bewusst. Wir werden wacher, aufmerksamer – und mächtiger.

Was damals verwandelt wurde, war der Krebs, der nicht nur für Familie, Volk und Kollektiv steht, sondern vor allem für die schlafende Seele, über die wir alle miteinander verbunden sind. Pluto hatte im Krebs den Auftrag, unbewusste Gefühle und Emotionen, unbekannte Anteile unserer Seele zu berühren, die uns immer mehr unterdrücken, je länger sie von uns unterdrückt werden. Ein Ausnahmezustand wie ein Krieg ist ein, wenn auch schmerzhaftes, Mittel, verborgene Gefühle ans Licht zu bringen. Außerdem kann man manchmal erst schätzen, was man verliert, zum Beispiel die Familie. Die Menschen jener Zeit befassten sich zwangsläufig mit ihrer Herkunft, mit ihren Wurzeln.

Da Pluto aufgrund seiner großen Distanz sehr langsam vorwärts kommt, hat ihn jeweils eine ganze Generation im selben Zeichen. Seine Transformationsprozesse sind immer von langer Dauer und verändern tief und nachhaltig. Seit Jahren steht er im Schützen (Stand 2006). Da werden bestehende Glaubenssysteme überprüft und die innere Überzeugung, die Suche nach der Wahrheit, nach den größeren Zusammenhängen ist groß und sorgt für Horizonterweiterung im großen Stil. Neue Dimensionen werden gesucht und gefunden, im Mikrokosmos (Genforschung) genau so wie im Makrokosmos (Weltraumforschung, Marsbesiedelung etc.).

Pluto holt Verdrängtes, Vergessenes, Verborgenes ins Bewusstsein. Je länger wir leben, desto mehr wird verdrängt. Dieses Verdrängte häuft sich zum Ballasthaufen, den wir mit uns herumschleppen, und der den Körper verbraucht, bis er sich nicht mehr regenerieren kann und stirbt, was ihn ebenfalls verwandelt. Aber je belasteter wir sind, umso größer wird gleichzeitig der Drang, der Druck des Verdrängten Richtung Bewusstsein. Deshalb empfinden wir dort, wo Pluto im Horoskop steht, so viel Druck. Wir werden von Erlebnissen dazu gezwungen, hinzuschauen und uns damit zu befassen, denn diese Last werden wir nur los, indem wir sie annehmen.

Das ist die Transformation, die Pluto anstrebt, von unbewusst zu bewusst, Totes verwandelt er in Lebendiges und umgekehrt, eines in etwas anderes. Nur auf dem Mist der Vergangenheit kann etwas Neues wachsen, das zeigt uns die Natur. Aus Holzkohle zaubert Pluto Diamanten, verwandelt Altlasten in Energie, Ohnmacht in Macht. Würden wir nichts verdrängen, hätten wir nichts zum Verwandeln!

Sterben muss sein, damit es Platz und Material gibt für Neues, aber es stirbt nur, was überholt, unecht, unlebendig geworden ist. Was wir verlieren, ist verbraucht, und macht Platz für Neues. Zur Unterscheidung macht der transitierende Pluto im Horoskop das gleiche wie ein Zahnarzt mit den Zahnfüllungen: Er rüttelt daran und prüft, ob es Bestand hat. Wo Pluto im Geburtshoroskop steht, wird ständig transformiert, Schwächen in Stärken, dort hat man keine Wahl: Man muss sich dem, was auftaucht, hingeben.

Wäre der Mensch unsterblich, könnte er das Leben nicht schätzen – wer nie die Hölle erlebt, erkennt den Himmel nicht. Es braucht Extreme, um durch den Kontrast die beiden Seiten erkennen zu können, denn am Rande des Sonnensystems geht es nur noch darum, die Pole zu vereinen. Dafür sorgt Isis mit der Kraft der Liebe.

 **Isis**

Die Vereinigung

Wie bei Uranus und Neptun gab es in der Umlaufbahn Plutos ebenfalls Abwei-
chungen, die auf einen weiteren Planeten schließen ließen. Dieses Kraftfeld
nannte man vorerst Transpluto, jedoch kamen später Astrologen, die damit ar-
beiteten, unabhängig von einander auf den Namen Isis. Bis heute hat man den
Planeten Isis optisch nicht gefunden, obwohl man genau berechnen kann, wo
er steht. Es gibt sogar Ephemeriden mit den Daten ihres jeweiligen Stands am
Himmel.

Die ägyptische Göttin Isis wird meistens im gleichen Atemzug mit Osiris genannt,
ihrem Gemahl und Bruder. Osiris ist nicht nur ein Gott, sondern auch Pharao, er
reist in andere Länder und lehrt Menschen Ackerbau, was ihr Leben zivilisiert
und erweitert. Osiris ist in der ägyptischen Mythologie die Sonne, der Tag, das
Bewusstsein. Isis sein Gegenpol der Mond, die Nacht, das Unterbewusstsein.
Gemeinsam sorgen sie für Fruchtbarkeit unter den Menschen. Isis wird mit der
griechischen Demeter und der römischen Ceres in Verbindung gebracht.

Betrachtet man die Zeitqualität, in welcher Isis als unsichtbarer Planet zum Thema
wurde, kommt man unweigerlich auf das Thema Partnerschaft und Beziehung.
Die sexuelle Aufklärung und die Emanzipation der Frau veränderten die zweitau-
send Jahre alten Rollen von Mann und Frau. Früher war eine Ehe in erster Linie
eine wirtschaftliche und soziale Angelegenheit, Liebe kam, wenn überhaupt, an
zweiter oder dritter Stelle. Heute steht sie an erster Stelle, was Beziehungen nicht
gerade vereinfacht, denn Liebe ist weniger dauerhaft als beispielsweise wirtschaftliche Abhängigkeit. Das ist mit ein Grund für die hohe Scheidungsrate. Wir
sagen nicht mehr ja zu einem Menschen für ein ganzes Leben, sondern für den
Augenblick, obwohl wir uns in unserer Verliebtheit wünschen, die Liebe möge
ein Leben lang dauern. Am liebsten würden wir mit dem anderen verschmelzen,
was in der Hochzeit ihren Ausdruck findet. All das spricht für die Zuordnung Isis'
zur Waage.

Die eigentliche Vereinigung oder Verschmelzung, wenn wir heiraten, findet nicht
auf der Körperebene statt, sondern im Geist. Wo Isis ist, sind wir auf der geisti-

gen Ebene, hier gibt es nichts Materielles, nicht einmal den physischen Planeten Isis. Aber wie schon gesagt, je weniger Materie, umso stärker die Wirkung.

Isis steht am Rande unseres Sonnensystems als letztes Bollwerk zwischen der Materie und der Unendlichkeit. Pluto hat verborgene Anteile berührt, Isis sorgt dafür, dass sie sichtbar werden, damit wir uns damit verbinden können, sie „heiraten". Osiris wurde in der Mythologie vom eifersüchtigen Gott Seth getötet und zerstückelt, Isis sucht nach den Teilen, setzt sie zusammen, und holt Osiris ins Leben zurück. Wir brauchen alle Teile, auch die vergessenen und verdrängten, um „auferstehen", bewusst werden zu können.

Da diese Teile aber unsichtbar sind, brauchen wir Beziehungen, die als Spiegel dafür dienen. Licht braucht Dunkelheit, Isis braucht Osiris, um sich im anderen wahrnehmen zu können und dadurch ganz zu werden. Es zieht uns zu bestimmten Menschen, in denen wir uns – ohne es zu wissen – selbst begegnen, genauer gesagt, wo uns das von uns begegnet, was wir nicht sehen. Solche Teile machen sich dort, wo Isis im Horoskop steht, bemerkbar. Zu ihnen sollen wir eine Beziehung herstellen, darauf drängen sie mit aller Kraft. Obwohl unsichtbar, sind sie doch nicht machtlos. Genau so wenig wie Isis, die gern übergangen wird aufgrund ihrer Unsichtbarkeit. Allein schon die hohe Scheidungsrate zeigt aber, dass die Zeit reif ist für Isis und Beziehungen auf einer höheren Ebene.

Isis hält am Rande unseres Sonnensystems den Kosmos im Einklang, denn sie stellt den Ausgleich her zwischen sichtbarer Welt und unsichtbarer, zwischen Bewusstsein und Unbewusstsein. Sie hält die beiden Anteile in Harmonie. Das ist die mystische Hochzeit, die magische Verschmelzung der Gegensätze, und die geschieht im Denken, denn die Waage ist ein Luftzeichen, und Isis selbst wohnt bis jetzt lediglich in unserer Vorstellung. Durch sie erhalten endlich alle zwölf Sternzeichen ihren eigenen Planetenherrscher. Es gibt also ohne Isis keine vollkommene Harmonie in unserem Sonnensystem.

Da sie so weit draußen steht, kommt sie nur langsam vorwärts bei ihrem Gang durch die Sternzeichen, sie braucht ca. 655 Jahre durch den Tierkreis. Bis 2011 stand sie im Löwen, und zwar seit Ausbruch des zweiten Weltkriegs, danach wechselt sie drei Jahre lang zwischen dem Löwen und der Jungfrau hin und her. Isis verbindet uns miteinander im Löwen, es ist eine geistige Ehe, die wir hier eingehen. Es ist anzunehmen, dass wir auf der Isis-Ebene mit all jenen geistig verbunden sind, die sie im gleichen Zeichen haben. Das sind immerhin jeweils drei Generationen, ungefähr so viele, wie wir im Laufe eines Lebens erleben. Im Grund sind diese drei Generationen an unserer Lebensgestaltung beteiligt, wir hängen zusammen und beeinflussen einander. Wahrscheinlich sind wir dadurch auf einer viel höheren Ebene schöpferisch (Isis im Löwen) als bisher angenommen.

Vielleicht arbeiten wir hier mit anderen in einem unbewussten, geistigen Team, denn wo Isis ist, gibt es bekanntlich keine Polarität mehr, und wo keine Polarität ist, existiert auch keine Materie. Nur in der Materie sind wir voneinander getrennt. Offenbar sollen wir uns dort, wo Isis steht, auf andere einschwingen. Das verlangt viel Diplomatie, Fingerspitzengefühl und geistige Wendigkeit. Das Haus ist der Lebensbereich, in welchem sich das abspielt.

Wo uns schon Pluto stark vorgekommen ist, empfinden wir Isis als noch stärker, immerhin hat man Pluto schon gefunden. Sie hingegen wirkt immer noch von der unsichtbaren Ebene aus. Wenn sie uns den Spiegel vorhält und sagt: „Das Spiegelbild und du – ihr seid eins! Das bist immer nur du in verschiedenen Facetten, der oder die sich spiegelt" ist diese Art von Liebe manchmal schmerzhaft. Aber unsere falschen Vorstellungen, die unsere Welt aus dem Gleichgewicht bringen, sind ebenfalls verletzend. Und doch: Wären unsere Vorstellungen von uns und der Welt weniger schwarz/weiß, hätten wir die Möglichkeit der Selbsterkenntnis nicht. Am Ende überwinden wir dank Isis gedankliche Gegensätze und werden wieder ganz.

Mit Isis endet unser Sonnensystem, wenn wir von zwölf Schritten ausgehen – zwölf Sternzeichen und ihre Herrscher.

Aber es gibt im Horoskop weitere Punkte, die, obwohl es keine Planeten sind, aufschlussreich sind, sofern man sie richtig interpretiert.

 **Lilith**

Die Verweigerung

Das Thema Lilith, der schwarze Mond, ist umstritten, weil ihre Funktion noch ziemlich unklar ist. Es gibt zwei verschiedene, nicht greifbare Phänomene mit der gleichen Bezeichnung. Das eine scheint ein Planet zu sein, der nur als Schatten vor der Sonne sichtbar ist, wenn er dort vorbeizieht. Das andere ist ein berechneter Punkt der Mondumlaufbahn. Abstrakt oder astronomisch vereinfacht ausgedrückt, beschreibt der Mond eine Art Ellipse, in deren einem Brennpunkt die Erde steht, der zweite Brennpunkt ist leer und wird als schwarzer Mond oder Lilith bezeichnet. Diesen sensitiven Punkt behandeln wir hier, da er heute bereits in vielen Astroprogrammen Verwendung findet. Es wird so viel Wirres in Lilith hinein interpretiert, dass es nötig ist, wenn man sie verwenden will, eine klare und einfache Deutung unter Anführung der Symbolik anzubieten, die immer funktioniert. Das Leben ist nicht kompliziert, also muss auch die Symbolik klar und einfach sein.

Wir tun uns schwer mit der Deutung Liliths, weil einerseits Symbole bildhaft sind und dadurch missverständlich, denn jeder interpretiert Bilder aufgrund seines Denkens ganz individuell. Andererseits denken wir polar. Da Lilith in der Mythologie jedoch vor Eva kommt, ist sie vor der Polarisierung zu suchen. Lilith wollte kein Gegenpol Adams sein. Sie sagte, sie seien beide „gleich", aus dem selben Stoff gemacht. Adam ist zu diesem Zeitpunkt noch kein Mensch, daher geht es sicher nicht um die Gleichstellung von Mann und Frau. Lilith will sich ihre wahre, nicht materielle Natur erhalten, aber weil Unfassbares uns unbegreiflich erscheint, bezeichnen wir sie als „Dämon". Oder sie wird zum besseren Verständnis vermenschlicht und zur Frau gemacht.

Es heißt, Lilith wollte nicht „unten liegen", nur bezeichnet „unten" nicht ihre Stellung beim Beischlaf oder Unterwerfung in der Sexualität, „unten" steht für das Unterbewusstsein, „oben" für das Bewusstsein. Da zuerst Adam erschaffen wurde, ist er mit dem freien Willen verknüpft, weil mit diesem die ganze Schöpfung beginnt. Lilith kommt als nächstes, demnach muss ihre Bedeutung mit dem freien Willen zusammenhängen. Mit Eva, die darauf ebenfalls durch den Willen Adams erschaffen wird, beginnt die Bewusstseinsentwicklung in der Materie, das heißt, sie beginnt tatsächlich mit dem Apfel vom Baum der Erkenntnis.

Diese Geschichte findet unter anderem ihre Entsprechung in der Pubertät, wo die Schlange sich regt und man sich seiner Sexualität bewusst wird. Vorher gilt man als Neutrum, ein Kind, dann wird man zu Mann oder Frau – und die Suche nach dem anderen Pol beginnt, um mit ihm wieder zu einem Ganzen zu verschmelzen. Diesem Verwandlungsprozess hat sich Lilith verweigert.

Wenn wir einen freien Willen haben, können wir nicht nur zwischen verschiedenen Möglichkeiten wählen, sondern auch „nein!" sagen. Alles in der Mythologie Liliths spricht für das Prinzip der Verweigerung. Angeblich als Strafe für ihre Weigerung werden unzählige ihrer Kinder getötet, die sie einem Dämon gebärt. Aber der Tod ist keine Strafe, wie wir meinen, weil wir ihn fürchten. Es ist ein Hinweis auf die Geburt, ein für Mutter und Kind nach wie vor kritischer Moment, wo das „Ja" über Leben und Tod entscheidet. Der Übertritt von einer Welt in die andere ist keine leichte Sache.

Wo Lilith im Horoskop steht, wird ein Teil von uns geleugnet, übersehen, missachtet. Dieser Teil liegt im Schatten des schwarzen Mondes, beziehungsweise er bezeichnet ihn. Das Sternzeichen, wo Lilith steht, ist unfassbar. Es ist wie ein Potential, auf das man keinen Zugriff hat, jedenfalls nicht mit den fünf Sinnen. Deshalb fürchten wir uns irgendwie davor, es ist uns unheimlich. Da sich dieser Teil außerhalb unseres Lebens befindet, können wir ihn im Spiel des Lebens nicht erproben und mit ihm keine Erfahrungen sammeln.

Immer wieder liest man von Liliths Streben nach Autonomie. Natürlich ist sie autonom, sie geht eigene Wege. Also gehen auch wir durch eine Weigerung eigene Wege. Welche Konsequenzen könnte aber die Verweigerung haben? Sicher keine Bestrafung, denn wie sähe die Wahl aus, wenn wir nur wählen könnten zwischen Wille und Verweigerung, wovon letzteres Bestrafung nach sich zieht? Die Konsequenzen sind, wir können diesen Persönlichkeitsanteil nicht ins Leben einbringen und im Alltag nicht verwenden, oder zumindest Teile davon.

Wenn wir zum Beispiel den Widder ausschließen, fehlt es an körperlicher Energie, am Willen, an Durchsetzungskraft etc. Verweigert haben wir uns dem Thema aufgrund von polarem Denken. Wir haben uns irgendwelche negativen Gedanken gemacht, die dazu geführt haben. Die Angst, ein Egoist zu sein, oder vor einem Zuviel an Energie könnte beispielsweise zur Verweigerung des Widders führen.

Es geht also nach wie vor um die zwölf Anteile, aus denen wir bestehen, und die alle bewusst gemacht werden wollen. Und da wird nun ein weiterer Anteil Liliths aktuell, nämlich der Teil der Verlockung. Sie lockt uns zu dem Zeichen, wo sie steht, dorthin soll ihr unsere Aufmerksamkeit folgen. Auf die Dauer können wir es uns nicht leisten, einen Teil von uns auszuschließen, das geht auf Kosten der Entwicklung. Deshalb wird ja auch mit Bestrafung gedroht. Da es weder gut noch böse gibt, und wir im Grunde nichts falsch machen können, ist es weder gut noch schlecht, sich etwas zu verweigern. Nur widerspricht das unserem Ziel der vollkommenen Bewusstheit, dazu ist dieser Teil notwendig. Wir müssen der Verlockung erliegen und uns mit ihm vereinen.

Betrachten wir diesen Teil ohne polare Interpretation, haben wir plötzlich keinen Grund mehr, ihn auszuschließen. Das ist der erste Schritt in Richtung Beendigung der Verweigerung und Zugriff auf bisher unzugängliche Themen.

Kein Wunder, wird Lilith als unberechenbar und ungreifbar dargestellt, ist sie doch ein Wesen, das nicht an Raum und Zeit gebunden ist. Umgekehrt heißt das, unsere verweigerten Themen sind ebenfalls nicht fassbar. Wir können über sie im Leben nicht oder nur beschränkt verfügen, weil sie keine greifbare Form haben. Wollen wir sie integrieren, müssen wir sie aus der Verbannung holen. Das tun wir, indem wir sie als das betrachten, was sie wirklich sind, und wie sie sind, steht in diesem Buch geschrieben!

Zusammenfassung der Planeten

Wo die **Sonne** steht, sollen wir bewusst werden und uns entfalten. Sie markiert unseren Wesenskern, das Sternzeichen, das wir ein Leben lang entwickeln.

Wo der **Mond** steht, sind wir Kind. Er zeigt, welche emotionalen Bedürfnisse wir haben, die gestillt werden wollen, damit wir uns geborgen fühlen. Über den Mond erhalten wir den gefühlsmäßigen Zugang zum Zeichen, in dem er steht. An seiner Stellung können wir zudem erkennen, wie wir subjektiv unsere Kindheit wahrgenommen haben.

Wo **Merkur** steht, sollen wir uns einlassen, offen und neugierig sein, fragen und austauschen. Was dort steht, will von innen nach außen getragen werden. Über das Zeichen, wo er steht, erfahren wir etwas durch Kommunikation und Austausch.

Wo **Venus** steht, sollen wir uns von den Themen des Zeichens berühren lassen. Sie verlangt mehr Wertschätzung für das, was dort steht. Wenn wir es gering schätzen, haben wir nichts davon.

Wo **Mars** steht, müssen wir uns bewegen. Der Teil, welcher das Zeichen verkörpert, muss in Bewegung kommen und bleiben. Dort müssen wir aktiv sein und uns aktiv mit den Themen des Zeichens befassen, denn Mars macht bekanntlich mobil.

Jupiter verstärkt alle bestehenden Tendenzen, im Guten wie im Schlechten, wo er steht, will es wachsen. Wir müssen dafür sorgen, dass das Wachstum in die gewünschte Richtung geht. An die Themen des Zeichens sollen wir glauben.

Wo **Saturn** steht, erwarten uns Herausforderungen, dort müssen wir Geduld haben und Hürden überwinden. Er wirft uns Steine in den Garten, Geschenke, an denen wir reifen können. Wir werden im Zusammenhang mit dem Zeichen immer wieder aufgehalten, um uns eingehender mit dessen Themen zu befassen.

Wo **Uranus** steht, erhalten wir elektrische Impulse, die uns beleben, und die frischen Wind in unser Denken in Bezug auf die Themen des Zeichens bringen. Wir neigen dazu, dort zu starr, zu einengend zu denken. Es ist mit Zu-/Ein-/Überfällen zu rechnen, die unsere Ansichten in Bezug auf das Zeichen immer wieder radikal verändern.

Wo **Chiron** steht, haben wir eine Wunde, die analysiert werden will. Dort fehlt uns etwas, und finden wir es und führen es zu, wird die Wunde geheilt.

Wo **Neptun** steht, soll etwas in Fluss kommen. Dort sollen wir die Augen schließen und den Teil, das Zeichen, in welchem er steht, intuitiv erfassen. Neptun führt uns auf eine höhere Ebene der Wahrnehmung.

Wo **Pluto** steht, wird regeneriert und transformiert. Pluto überprüft, ob vital und lebendig ist, was dort steht. Er nimmt Altes, Verbrauchtes, und gibt Neues. Dort empfinden wir Druck und Zwang, in dem Maße, wie wir uns gegen eine Verwandlung/Erneuerung wehren.

Wo **Isis** steht, sind wir mit anderen verbunden. Wir bilden mit ungefähr drei Generationen ein geistiges Team, das unsere Lebensweise beeinflusst.

Wo **Lilith** steht, verweigern wir uns den Themen des Zeichens. Deshalb erhalten wir dort erst Zugang, wenn wir „ja" zu ihnen sagen. Sie lockt und verführt uns aus diesem Grund zur Wiedervereinigung mit dem Zeichen, in welchem sie sich befindet.

Autorenportrait Tina Peel

Schon als ich am 25. November 1960 geboren wurde, reichte mir das nicht, ich wollte wissen warum.

Ob ich heiratete, meine Tochter und kurz darauf meinen Sohn gebar oder mich scheiden ließ im ewigen Auf und Ab des Alltagswahnsinns suchte ich nach der Philosophie meines und des Lebens allgemein.

In den Jahren der Aus- und Weiterbildung in der Schweiz und in Österreich, in den Bereichen Astrologie, Lebensberatung, Geistiges Heilen, NLP, Partnerschule und vieles mehr, fand ich Antworten, eine neue Liebe und Ehe, Berufung, Erfüllung… und natürlich tausend neue Fragen.

www.tinapeel.ch

Auch diese Bücher und Ratgeber von Tina Peel finden Sie bei
www.Dortmund-Verlag.de, bei www.amazon.de
und in jeder guten Buchhandlung

Astrologische Symbolik
Best.-Nr. ERS_9_07
ISBN 978-3-943262-06-3

forever together (1)
Best.-Nr. RL_302
ISBN 978-3-9812413-2-7

forever together 2
Best.-Nr. RL_309
ISBN 978-3-943262-51-3

Sinn-Voll - Band 1
Best.-Nr. RL_310_01
ISBN 978-3-9812413-3-4

Sinn-Voll - Band 2
Best.-Nr. RL_310_02
ISBN 978-3-9812413-5-8

Sinn-Voll - Band 3
Best.-Nr. RL_310_03
ISBN 978-3-943262-20-9

Auch diese Bücher und Ratgeber von Tina Peel können
Sie auch als preisgünstige E-Books erwerben
im Webshop von
www.Dortmund-Verlag.de

Handwerkszeuge für Autoren finden Sie im Webshop von
www.Dortmund-Verlag.de sowie bei
www.amazon.de und in jeder guten Buchhandlung

Erfolg als Autor – In 10 Schritten zum Ziel"
Best.-Nr. XXL_601
ISBN 978-3-943262-11-7

Erfolgreiche PR – aber richtig!
Best.-Nr. RL_002
ISBN 978-3-9812413-8-9

dortmund-verlag.de

Schreibblockaden lösen
Best.-Nr. RL_007
ISBN 978-3-943262-54-4

Kunden gewinnen? Ratgeber schreiben!
Best.-Nr. RL_012
ISBN 978-3-943262-27-8